CASANOVA

Federico Fellini's Film- und Frauenheld

Porträtiert von

Stefan Zweig

analysiert von

Gianfranco Angelucci, Liliana Betti,
Piero Chiara, Petru Dumitriu, Federico Fellini,
Roberto Gervaso, Heinrich Heine, Hermann Hesse,
F. G. Jünger, Hermann Kesten, D. H. Lawrence,
Charles de Ligne, Ignazio Maiore,
Luigi de Marchi, Alberto Moravia, Alfred de Musset,
Sainte-Beuve, Manès Sperber, Franco Valobra
und Bernardino Zapponi

fotografiert von

Pierluigi (schwarzweiß) *und Franco Pinna* (Farbe)

und imitiert von drei modernen Casanovas:

Gianfranco Piacentini, Marino Pracucci
und Bruno Valeri

Herausgegeben von

Auguste Amédée de Saint-Gall

DIOGENES

Seite 2/3: *Die mißglückte Geburt der Göttin Venusia*
Frontispiz: *Maskentreiben am Canal Grande*

Literatur-, Quellen- und Übersetzernachweise
finden sich am Schluß des Bandes.

Layout: Auguste Amédée de Saint-Gall
und Kurt Jenny

Filme und Druck: Vontobel, Feldmeilen
Einband: Burkhardt AG, Zürich
ISBN 3 257 01542 9

INHALT

Federico Fellinis Casanova (Donald Sutherland)

FEDERICO FELLINI
Casanova ist ein Pinocchio

Casanova! Der strahlendste aller Verführer! Der erfolgreiche Abenteurer! Der Jongleur, der tausend hübsche Mädchen an den Fingern einer Hand tanzen lassen kann! Natürlich hatten die Produzenten glänzende Augen von dem Tag an, als ich mir vornahm, diesen Film zu drehen. Auf dem ganzen Planeten hat kein einziger von ihnen nicht irgendwann versucht, sich dieses Geschäft zu sichern. Dabei habe ich seit drei, bald vier Jahren getan, was ich konnte, um Mißverständnisse zu vermeiden. Ich habe mich totgeredet, geschrien, gebrüllt, um klarzumachen, was ich von diesem ungestümen Venezianer halte. Aber bis jetzt war nichts zu machen. Vorurteile sind die hartnäckigsten Urteile. Alle Welt bewundert Casanova, beneidet ihn, ist auf ihn eifersüchtig. Und wirklich, was ist das für ein Mann! Wenn man ihn hört, hat er alles getan, alles gesehen, alles erlebt. Die beste Gesellschaft, der Alkoven, der Spieltisch, nichts ist ihm fremd. Er fühlt sich in allen Ländern wohl, ißt jedes Essen, spricht fließend und ohne weiteres alle Sprachen, lebende wie tote. Er beherrscht sämtliche Wissenschaften, akademische wie okkulte. Poesie beeindruckt ihn kaum, aber er kann den ganzen Ariost auswendig. Sprechen wir nicht von seinen Zukunftsvisionen: ein utopischer Roman aus seiner Feder fordert noch immer gelehrte Deutungen heraus. Er tanzt wie ein Engel, ist mit seinem Pferd verwachsen wie ein Zentaur, führt den Degen so virtuos wie den Geigenbogen. Zehnmal pro Nacht kann er lieben, zehn Dutzend Austern kann er hintereinander schlürfen, und wenn er einmal das Pech hat, tief in einen modrigen Kerker geworfen zu werden, macht er durch eine spektakuläre Flucht von sich reden.

Aber was soll uns schließlich dieses ›Hoppla, jetzt komm ich‹, diese Über-Exzellenz, dieser weiße Clown im Flitterkostüm, neben dem jeder gewöhnliche

Mensch wie ein dummer August dasteht? Was glaubt uns Casanova mit seinem Getue zu beweisen? Daß er intensiv ›gelebt‹ hat? Seine dauernde Flucht, sein krankhaftes Bedürfnis nach immer neuen Taten und Gesten, seine Unfähigkeit, echte und dauerhafte Beziehungen anzuknüpfen, beweisen meiner bescheidenen Meinung nach eher, daß er nie aus dem Mutterleib herausgekommen ist. Harmloses Abbild der verklemmten Begierden des Herrn Jedermann – wie sehr er sich auch abzappeln mag, es wird ihm nie gelingen, den Bezirk des Abstrakten hinter sich zu lassen.

Deshalb habe ich anfangs daran gedacht, ihn gar nicht als Individuum zu betrachten, sondern durch eine Reihe typischer Vertreter des ›Casanovismus‹ zu ersetzen, dieser heute noch weitverbreiteten Kinderkrankheit. Ich habe dann doch auf diese Mehrfachlösung verzichtet, weil ich plötzlich begriff, daß Donald Sutherlands Mondgesicht, seine unauffälligen Züge, an die man sich so schwer erinnert, und seine blaugrauen Baby-Augen mir genauso nützen könnten. Mein Casanova ist ja nichts als eine elektrifizierte Marionette oder auch ein Gespenst, das im Nebel von der Kamera ertappt wird und bruchstückweise Antworten auf die ungehörigen Fragen gibt, die ihm ein indiskreter Interviewer stellt. Verstehn Sie, sein Gesicht ... nun ja, man muß es ständig mit einem Knie vergleichen können.

Ich habe immer gesagt, daß ich Casanova hasse. Das ist wahr. Aber nun fange ich an, geradezu ein bißchen Sympathie für ihn zu empfinden. Schließlich ist er nicht ganz so schlecht, wie er scheint, der arme Kerl. Ich habe mich öfter gefragt: warum hat Casanova immer den Unterdrückten, den Komplexbeladenen, kurz, all denen so sehr gefallen, die einen kleinen Makel, einen Schatten an sich tragen? Weil diese Leute die ›Memoiren‹ wie ein Buch lesen, in dem die Komplexe gelöst, die Hemmungen erklärt werden. Casanova hat (mutig) einfach alles von sich erzählt, also wird er von all denen beneidet, die es nie schaffen, sich einfach nackt hinzustellen. Aber das ist immer noch zu einfach. Wie ist es möglich, fragte ich mich, daß er auch so vielen Literaten gefällt? Dieser farblose, eintönige, mechanische Schriftsteller, der kein treffendes Adjektiv kennt, geschweige denn ein widerborstiges und enthüllendes? Es mag tausend Frauen in den ›Memoiren‹ geben, aber nicht eine ist so beschrieben, daß man sie wirklich als Individuum vor sich sieht; immer sind es Lippen wie Korallen, Augen wie Pflaumen, Wangen wie Blumen... Von einem Autor so vieler Arcimboldos kein Porträt nach dem Leben? Was mag ein Literat daran finden? Und dann habe ich begriffen: Casanova hat die Gabe der leichten Schreibweise, er gleitet wie auf Öl, ohne Hindernisse, ohne Mühe, aber ohne Schönheiten. Und diese Leichtfertigkeit, nicht bloß Leichtigkeit, fasziniert vor allem den Problem-Literaten, der die triste Mühsal des Schreibens kennt, die störende Beklemmung des Schaffenmüssens und die Ängste und Fluchten; das fasziniert nicht den großen Schriftsteller, sondern den mittelmäßigen, den halbwegs oder nicht ganz erfolgreichen oder den zaghaften, der sich kein wirkliches Können zutraut.

Und dann habe ich begriffen, daß man Casanova nicht nur wegen einer heimlichen Schwäche sympathisch finden muß. Es gibt im Leben eines Menschen, der die fünfzig hinter sich hat, einen Augenblick, in dem man das Dasein, die Leute, das eigene Sexualleben wie das der andern mit Toleranz zu betrachten anfängt, wenn nicht sogar mit herablassender Skepsis. Die heimlichen Schwächen, daran ist nichts zu ändern. Aber was einen bei einem Casanova zuerst ärgert, seine Herzenshärte, das kann man nun wenigstens für die wehrlose Aufrichtigkeit von jemandem halten, der sich bei der Abrechnung mit seinem eigenen Leben aus Verzweiflung entschließt, alles ans Licht zu bringen, ohne Rückhalt oder Gewissensbisse, und eben deshalb mit äußerster Toleranz sich und den andern gegenüber. Und deshalb kann Casanova gefallen.

Aber mir nicht. Ich habe die fünfzig hinter mir und mir trotzdem eine unschuldige Neigung zur Leidenschaft bewahrt, weshalb ich dem Märchen nachlaufen und vor der Wüste fliehen muß...

Wer ist nun Casanova? Ein Hampelmann, der die Welt mit steinernen Augen betrachtet. Kurz und gut, Casanova ist Pinocchio, aber ein Pinocchio, der niemals Mensch wird.

Casanova im Schlafgemach der Madame d'Urfé ▷

CASANOVA

Über Gott und die Welt

Vergnügen und Philosophie

Ich bin immer nur dem System gefolgt – wenn es überhaupt eines ist –, mich dahin treiben zu lassen, wohin der Wind blies.

Ich wählte den schönsten, edelsten und einzig natürlichen Weg, nämlich den, dafür zu sorgen, daß ich das Nötige nicht mehr entbehrte; und was mir nötig war, konnte niemand besser beurteilen als ich selbst.

Ein Mann mit einem abstoßenden Äußeren muß, wenn er es kann und gescheit genug ist, alles tun, um die Augen seiner Mitmenschen von der Prüfung seiner Person abzulenken. Äußerer Flitter ist ein ausgezeichnetes Gegengewicht gegen ein so schlechtes Geschenk der Natur. Prunkvoll aufzutreten ist das einzige Mittel, mit dem die Häßlichen der Schönheit Widerpart leisten können.

Das größere oder geringere Glück oder Unglück kann von niemandem beurteilt werden, denn es ist relativ und hängt von der Veranlagung, dem Temperament und den Umständen ab. Ebenso ist es nicht wahr, daß die Tugend den Menschen glücklich macht, denn es gibt Tugenden, deren Befolgen Leid bringen muß.

Bescheidenheit ist nur dann eine Tugend, wenn sie natürlich ist; wird sie vorgetäuscht oder beruht sie ausschließlich auf Erziehung, so ist sie nur Heuchelei.

Neben dem Geist verliert das Herz seine Herrschaft, und die Vernunft triumphiert; aber der Kampf darf nur kurz sein.

Die Neugier ist ein Laster, wenn sie in die Angelegenheiten anderer eindringen will, ob sich nun der Neugierige direkt oder indirekt Kenntnis darüber verschaffen möchte, oder ob er einen Menschen ausfragt, um diesem mit dem Erfahrenen nützlich zu sein, vielleicht auch, um es zum eigenen Nutzen auszuwerten.

Laster ist nicht gleichbedeutend mit Frevel, denn man kann lasterhaft sein, ohne zu freveln. Ich war es mein ganzes Leben lang und wage sogar zu behaupten, daß ich mitten im Laster häufig tugendhaft war. Es ist wohl richtig, daß jedes Laster das Gegenteil von Tugend sein muß; dennoch fügt es sich in die allgemeine Harmonie ein.

Ich habe die Wahrheit immer so leidenschaftlich geliebt, daß ich oft mit Lügen begonnen habe, um ihr Eingang in die Köpfe derer zu verschaffen, die ihren Zauber nicht kannten.

Wenn man dem Vergnügen nachjagt, soll man es nicht durch philosophische Erwägungen vermindern.

Ein Esel kann nie der Freund eines Pferdes sein.

Die Frau

Die Frau ist wie ein Buch: ob gut oder schlecht, es muß zunächst die Titelseite gefallen. Bietet sie keinen Anreiz, so erweckt sie auch keine Lust zum Lesen, und diese Lust ist nur so stark wie das Interesse, das sie einflößt.

Eine tiefempfindende Frau glaubt einem Mann, der ihr eine Wohltat erwiesen hat, nicht mehr geben zu können als sich selbst mit Körper und Seele. Ich glaube, ein Mann denkt anders, weil nämlich der Mann zum Geben, die Frau zum Empfangen geboren ist.

»Bedenken Sie doch, meine schöne Lia, daß sich alle Frauen, ob anständig oder nicht, verkaufen. Wenn ein Mann Zeit dazu hat, kauft er sie durch seine Werbung; wenn er in Eile ist wie ich, hält er sich an Geschenke und Gold.«

Die arme Lucia zählte erst dreiunddreißig Jahre, sah aber aus wie fünfzig, und Frauen sind stets so alt, wie sie aussehen.

Ihre Hände waren zu breit und zu fleischig, und obwohl sie sich hütete, ihre Füße zu zeigen, verriet mir ein Pantoffel, der unter ihrem Kleid herausschaute, daß auch sie

entsprechend groß waren, ein ungern gesehenes Größenverhältnis, das nicht nur den Chinesen und den Spaniern, sondern allen Kennern mißfällt. Man will auch bei einer großen Frau kleine Füße. Dieser Ansicht war schon Holofernes, sonst hätte er Frau Judith nicht so bezaubernd gefunden.

Die Lust, die ich empfand, wenn mich eine geliebte Frau glücklich machte, war sicherlich groß, ich hätte aber gewiß verzichtet, wenn ich mich um dieser Lust willen der Gefahr hätte aussetzen müssen, schwanger zu werden. Die Frau nimmt das selbst dann auf sich, wenn sie diese Erfahrung schon öfter gemacht hat; sie findet also, daß die Lust den Einsatz wert ist.

Sie war erst elf Jahre alt; aber vom Verstand einer Achtzehnjährigen; außerdem war sie hübsch, tanzte gut und begleitete sich zu kleinen Liedern auf der Mandoline. Die etwas zu anschmiegsame Kleine eroberte sogleich mein Herz; ihr Vater beglückwünschte sie dazu, aber die Mutter kränkte sie mit der Behauptung, sie sei noch nicht trocken. Für ein frühreifes Mädchen ist das eine bittere Beleidigung.

Sie trocknete meine Tränen mit einem Zipfel ihres Hemdes ab, ohne zu bedenken, daß sie bei diesem Liebesdienst vor meinen Augen zwei Klippen enthüllte, an denen auch der erfahrenste Lotse Schiffbruch erleiden mußte.

Sie fragte mich, ob ich verspreche, vernünftig zu sein. Mit Nein zu antworten, wäre töricht gewesen; ich sagte lieber ja und nahm es auf mich, das hübsche Mädchen, das in der vergangenen Nacht genug mit sich gekämpft hatte, glücklich zu machen.

Gekrönte Häupter

Voltaire
»Dies ist der glücklichste Augenblick meines Lebens«, sagte ich zu ihm. »Endlich sehe ich meinen Lehrmeister; schon seit zwanzig Jahren, Monsieur, bin ich Ihr Schüler.«
»Beehren Sie mich mit weiteren zwanzig und versprechen Sie mir, daß Sie mir dann meinen Lohn bringen werden.«
»Ich verspreche es Ihnen; Sie aber müssen mir auch versprechen, auf mich zu warten.«
»Darauf gebe ich Ihnen mein Wort; eher werde ich mein Leben verlieren als mein Wort brechen.«

Rousseau
Der wortgewaltige Rousseau hatte weder Sinn für das Lachen noch das göttliche Talent, andere zum Lachen zu bringen.

Ludwig XIV
Ludwig XIV. wäre der größte König der Erde gewesen, größer noch als der preußische König Friedrich II., wie ja auch Frankreich größer ist als Preußen, hätte er nicht die Schwäche gehabt, mit seinen Beichtvätern zu schwatzen.

Friedrich II.
Der König von Preußen war selbst zwar nie Atheist; doch das ist auch unwichtig, denn der Glaube an Gott hat nie einen Einfluß auf seine Sitten oder Taten gehabt.

Katharina II.
Sie hatte eine starke, aber keine bösartige Seele. Als ich sie in Riga sah, war sie fünfunddreißig Jahre alt und regierte seit zwei Jahren. Ohne schön zu sein, gefiel sie mit Recht allen, die sie näher ansahen; sie war groß, gut gebaut, freundlich, umgänglich und stets ruhig.
Ich wurde Zeuge ihrer Leutseligkeit und der lächelnden Milde, mit der sie in einem großen Saal die Huldigungen des livländischen Adels entgegennahm und alle Damen von Stand auf den Mund küßte, die ihr die Hand küssen wollten.

Maria Theresia
Wenn nach den Wahrheiten unserer heiligen Religion die Seele der großen Maria Theresia in das eingeht, was man Ewigkeit oder jenseitiges Leben nennt, muß sie verdammt werden, falls sie nicht bereut hat; und das auch dann, wenn sie keine andere Sünde begangen hat, als auf tausenderlei Weise die armen Mädchen zu verfolgen, die aus ihren Reizen Nutzen ziehen.

◁ *Casanova und Annamaria (Clarissa Roll)*

Papst Benedikt XIV.
»Ich bitte Sie inständig, mich von der Fastenkost zu dispensieren und mich so von meiner Augenentzündung zu befreien.«
»Essen Sie also Fleisch.«
»Heiliger Vater, Euren Segen!«
Er erteilte ihn mir und sagte dazu, daß er mich aber vom Fasten selbst *nicht* dispensiere.

Politik

Wirkliche Politik besteht in Voraussicht und Vorsicht, und der schlechteste aller Politiker ist jener, der nicht weiß, daß man im Zweifelsfall immer und überall die Voraussicht der Vorsicht opfern muß.

Jeder entthronte König muß dumm gewesen sein, und jeder dumme König muß entthront werden, denn keine Nation auf Erden hat einen König, der sich nicht bloß aus Macht durchsetzt. Aus diesem Grund muß ein dummer König einen gescheiten Premierminister haben und ihn sehr mächtig machen.

Das Volk ist überall gleich. (...) Es hat weder Gesetze noch klare Pläne, noch Religion; seine Götter sind Brot, Wein und Faulenzen. Es glaubt, Freiheit bedeute Straflosigkeit, ein Aristokrat sei ein Bluthund und ein Demagoge sei ein Hirte, der seine Herde liebt. Im Grunde ist das Volk nur ein unvernünftiges Tier von ungeheurer Größe.

Europa

Frankreich

Im Grunde bleiben sich die Franzosen immer gleich. Diese Nation kann nicht anders als immer im Zustand des Aufruhrs leben; bei ihr ist nichts echt, alles ist nur Schein. Sie gleicht einem Schiff, das nichts als segeln will und dazu Wind braucht; und der Wind, der gerade bläst, ist immer gut. Ein Schiff ist auch im Wappen von Paris.

Paris schien mir ein Labyrinth geworden zu sein. Als ich zu Fuß von der Kirche Saint-Eustache in die Rue Saint-Honoré gehen wollte, um zum Louvre zu gelangen, und das ‹Hôtel de Soissons› nicht mehr an der gewohnten Stelle fand, verirrte ich mich richtig. Ungeheure runde Gebäude mit unregelmäßig verteilten Ausgängen und kleine Straßen, die breiter waren als lang, das war der Gipfelpunkt der verrückten französischen Architektur, der dem Neuerungsstreben der Nation als Meisterwerk erschien.

Auch der höflichste Franzose ist so bemüht, einer hübschen Frau zu schmeicheln, daß er sich häufig nicht darum kümmert, wenn sein Kompliment auf Kosten eines Dritten geht.

Nîmes ist eine französische Stadt, die den Besuch eines Fremden wert ist. Man findet dort in den achtunggebietenden Monumenten eine ausgezeichnete Nahrung für den Geist und im schönen Geschlecht eine solche für das Herz. Ich wurde zu einem Ball eingeladen und genoß dort die Vorrechte eines Fremden, die in Spanien und England unbekannt sind, weil man dort ausländische Herkunft als Makel betrachtet.

In keiner französischen Stadt treiben die Dirnen ihre Liederlichkeit ärger als in Marseille. Nicht nur rühmen sie sich, nichts zu verweigern, sondern sie bieten von sich aus den Männern an, was diese nicht immer zu verlangen wagen.

Die Vorzüge Lyons liegen im guten Geschmack und in der Billigkeit. Die Gottheit, der die Stadt ihren Wohlstand verdankt, ist die Mode. Sie wechselt jedes Jahr, und einen Stoff, für den man wegen des neuen Musters dreißig bezahlt, erhält man im folgenden schon für zwanzig; man schickt ihn dann ins Ausland, wo die Händler ihn als letzte Neuheit anpreisen. In Lyon bezahlt man viel für einen Zeichner mit gutem Geschmack; darin liegt das Geheimnis.

Daß die Französische Akademie keine Fremdwörter aufnehmen will, beweist nur, daß die Armut von Stolz begleitet ist. Wir hingegen nehmen auch weiterhin aus fremden Sprachen alle Wörter, die uns gefallen. Wir wollen gern immer reicher werden und finden sogar Vergnügen daran, den Armen zu bestehlen; das ist das Kennzeichen des Reichen.

Italien

Madame de Pompadour (...) fragte mich, ob ich wirklich von da unten sei.
»Von wo?«
»Aus Venedig.«
»Venedig ist nicht da unten, Madame; es ist da oben.«

Ich lachte innerlich über die Leute, die nicht glauben wollen, daß der Geist einer Nation viel stärker vom Klima abhängt als von der Erziehung. Solche Kritiker müßte man nach Neapel schicken.

Es gibt keine christliche und katholische Stadt auf der Welt, in der sich ein Mensch in religiösen Dingen weniger Zwang auferlegen muß als in Rom. Die Römer gleichen den Beamten bei der Tabakregie, denen es erlaubt ist, ohne Gegenleistung so viel zu nehmen, wie sie wollen.

Ich wußte, daß Rom die einzige Stadt war, wo schon oft ein Mensch, mit nichts beginnend, die höchsten Höhen erreicht hatte.

Turin ist eine italienische Stadt, in der das weibliche Geschlecht alle Reize hat, die sich die Liebe wünschen mag, in der aber die Polizei besonders lästig ist; da die Stadt klein und sehr überlaufen ist, wissen die Spione alles.(...) Man duldet dort weder öffentliche Häuser noch ausgehaltene Mädchen, und das gefällt den verheirateten Frauen sehr; das hätte die dumme Polizei voraussehen müssen. Aus dem gleichen Grunde triumphiert dort die Knabenliebe.

Marcolina sprach venezianisch, und um sich zu rächen, antwortete ihr Annette genuesisch; aber die erste Sprache ist liebenswert und wird in ganz Italien verstanden, während die zweite vom Italienischen weiter entfernt ist als das Schweizerische vom Deutschen.

Die Mailänder sind im allgemeinen gut und anständig; die Offenheit ihres Wesens scheint den Charakter der Piemontesen und Genuesen, die in gleichem Abstand zu beiden Seiten ihres schönen Landes leben, anprangern zu wollen.

Es gibt in Italien verschiedene Städte, in denen sich ein sinnlicher Mann die gleichen Freuden verschaffen kann wie in Bologna; aber man erhält sie nirgends so wohlfeil, so leicht, so zwanglos. Außerdem ißt und trinkt man dort sehr gut, man spaziert unter den Arkaden herum und begegnet dort geistreichen und gelehrten Leuten.

Schweiz

Es stimmt, daß man in der Schweiz, genau wie in Holland, den Fremden schröpft, wenn es geht; aber die Dummköpfe, die sich schröpfen lassen, verdienen es, denn man muß alles im voraus vereinbaren.

Die Damen von Bern kleiden sich gut, wenn auch ohne Luxus, da das Gesetz ihn verbietet; sie geben sich ungezwungen und sprechen sehr gut Französisch. Sie genießen sehr viel Freiheit und mißbrauchen sie nicht, trotz der galanten Reden, die den Gesellschaften ihre Würze geben, denn der Anstand bleibt stets gewahrt. Ich stellte fest, daß die Ehemänner nicht eifersüchtig sind; aber sie verlangen, daß die Frauen immer um neun Uhr zum gemeinsamen Abendessen zu Hause sind.

Ich fand in der Schweiz die gleiche Eigentümlichkeit wie in Genua; die Schweizer und die Genuesen sprechen sehr schlecht, aber sie schreiben ausgezeichnet.

Die Schweizer werden von einer Krankheit befallen, die man Heimweh nennt; sie wollen zurück. Die Griechen nannten das ›Nostalgie‹. Wenn sie fern von ihrem Land leben, befällt sie nach einer gewissen Zeit diese Krankheit, und das einzige Heilmittel ist die Rückkehr in ihr Vaterland; wenn sie sich nicht dazu entschließen, sterben sie.

Spanien

Arme Spanier! Die Schönheit ihres Landes, seine Fruchtbarkeit und sein Reichtum sind an ihrer Trägheit schuld, so wie die Minen von Peru und Potos; an ihrer Armut, ihrem Stolz und an allen ihren Vorurteilen. Das klingt widersinnig, doch der Leser weiß, daß ich recht habe.

Der Spanier ist seiner Veranlagung nach ehrsüchtig und tut alles in dem Wunsch, daß man ihn bewundert und über seinesgleichen stellt. Er will, daß jene, die ihn prüfen und beurteilen, ihn für des Thrones würdig halten und Tugenden in ihm zu erkennen glauben, die seine vollkommene Uneigennützigkeit beweisen.

Um Spanien zum blühendsten aller Königreiche der Erde zu machen, müßte man es erobern, es in seinen Grundfesten erschüttern und fast zerstören; dann würde es nach seiner Wiedergeburt ein Land für glückliche Menschen werden.

England

Der demokratische Geist beherrscht das englische Volk mehr noch, als zur Zeit das französische; aber die Macht der Verfassung hält es im Zaum. In jeder großen Stadt gibt es übrigens diesen Geist der Auflehnung, und es ist die große Leistung einer klugen Regierung, ihn im Schlaf zu halten, denn wenn er erwacht, wird er zum Wildstrom, dem kein Damm widersteht.

Österreich

Alles in Wien war schön; es gab dort viel Geld und viel Luxus, aber große Hemmnisse für die Anbeter der Venus. Schändliche Spione, die man Keuschheitskommissare nannte, waren die unerbittlichen Quälgeister aller hübschen Mädchen; die Kaiserin hatte alle Tugenden, nicht aber die der Duldsamkeit, wenn es sich um unerlaubte Liebe zwischen Mann und Frau handelte.

Marcolina (Claretta Algranti)

In Wien gibt es so viele hübsche Mädchen, daß sie fast alle arm sind.

Polen

Obwohl die Polen heute im allgemeinen recht höflich sind, steckt in ihnen noch viel von ihrer alten Natur; bei Tisch, im Krieg und im Überschwang, den sie Freundschaft nennen, sind sie noch Sarmaten oder Daker.

Rußland

Der Geist der Russen ist kraftvoll und drastisch. Sie kümmern sich weder um Feinheiten noch um Schliff; sie gehen unvermittelt aufs Ganze.

Es war eine Regel am russischen Hof, alles menschenmögliche zu tun, damit die regierende Familie braune statt blonde Haare hatte, weil diese Haarfarbe in Rußland zu sehr verbreitet ist und daher nicht geschätzt wird. Aus diesem Grund wurden die blonden Haare der erhabenen und unsterblichen Katharina dunkel gefärbt, jener Katharina, die so viele hervorragende Taten vollbrachte, ohne je nach den Kosten zu fragen, die ihr ungeheures Reich schwer belasteten.

Der Russe ist im allgemeinen abergläubischer als alle anderen Christen. Seine Sprache ist slawisch, aber seine Liturgie ist rein griechisch; das Volk versteht nichts davon, und die ebenfalls wenig gebildete Geistlichkeit ist erfreut, wenn es unwissend bleibt.

Ich fand die Frauen in Moskau hübscher als in Petersburg. Sie sind sehr sanft und leicht zugänglich, und um die Gunst eines Kusses auf die Lippen zu erhalten, genügt es, so zu tun, als wolle man ihnen die Hand küssen.

Die Liebe

Wie seltsam ist doch die Liebe! Was nützt es, alles gelesen zu haben, was die angeblich Weisen über ihre Natur geschrieben haben, und was nützt es, mit zunehmendem Alter darüber zu philosophieren. Ich werde sie nie als Tändelei oder Nichtigkeit abtun können. Sie ist eine Art Wahnsinn, über welche die Philosophie keine Macht besitzt, eine Krankheit, die den Menschen in jeder Lebenszeit befallen kann und die unheilbar ist, wenn sie einen im Alter überfällt.

Ich wachte schon meiner Veranlagung nach stets eifersüchtig über alle meine Geliebten; aber wenn ich voraussehen konnte, daß ein möglicher Rivale sie glücklich machen würde, verflüchtigte sich die Eifersucht.

Wir machten Punsch und ergötzten uns damit, Austern zu essen, indem wir sie austauschten, wenn wir sie schon im Munde hatten. Sie reichte mir die ihre auf der Zunge, während ich ihr gleichzeitig die meine in den Mund schob; es gibt kein aufreizenderes und wollüstigeres Spiel zwischen zwei Liebenden. Es ist auch komisch, aber die Komik nimmt ihm nichts von seinem Reiz, denn das Lachen ist nur für Glückliche gemacht. Welch köstliche Austernsauce, aus dem Munde des angebeteten Geschöpfs geschlürft, ist doch ihr Speichel! Wie sollte die Kraft der Liebe nicht wachsen, wenn ich eine solche Auster zerbeiße, wenn ich sie hinunterschlucke.

Ohne Worte verliert die Liebe mindestens zwei Drittel ihres Reizes.

Ich sehe sie splitternackt, und sie erregt mich nicht im geringsten? Warum nur? Erklärbar ist das nur, weil sie nichts von alledem besitzt, dessen die Koketterie sich bedient, um Liebe zu erwecken. Wir lieben demnach nur das Künstliche und das Unechte; das Echte verführt uns nur noch, wenn ihm ein eitler Aufputz als Vorbote dient.

Das ›Hôtel du Roule‹ war in Paris berühmt. (...) In den zwei Monaten, die ich hier war, hatte ich es noch nie gesehen und war schon sehr neugierig darauf. Die Leiterin, die das Haus gemietet und sehr gut eingerichtet hatte, unterhielt dort zwölf oder vierzehn ausgesuchte Mädchen. Sie hatte einen guten Koch, gute Weine, ausgezeichnete Betten und hieß jeden willkommen, der zu Besuch kam. Sie nannte sich Madame Paris und war Liebkind bei der Polizei. Das Haus stand etwas außerhalb von

Paris; so hatte sie die Gewißheit, daß nur vornehmere Gäste zu ihr kamen, denn es war zu weit, um zu Fuß hinzugehen.

Der Inzest, das ewige Thema der griechischen Tragödie, rührt mich keineswegs zu Tränen, sondern bringt mich zum Lachen; und wenn ich bei Phädra weine, so liegt das nur an der Kunst Racines.

Ich liebte sie, und dennoch täuschte ich sie; aber da ich mir meiner Schuld bewußt war, litt zwangsläufig meine Eigenliebe darunter, und dadurch war sie gerächt.

Ich überlegte, welche Art von Verzauberung mich zwang, mich stets wieder in eine Sache zu verlieben, die mir neu erschien und doch nur das gleiche Verlangen einflößte wie die letzte, die ich geliebt und zu lieben aufgehört hatte, weil das Verlangen erloschen war. Aber war die Sache, die mir neu erschien, wirklich im wesentlichen neu? Keineswegs, es war immer das gleiche Theaterstück, nur der Titel war neu.

Weißt du, lieber Leser, welche Macht die Tränen haben, die aus den schönen Augen eines jungen, hübschen, ehrbaren und zudem unglücklichen Mädchens fließen? Es ist eine unwiderstehliche Macht. »Credete a chi ne ha fatto esperimento.«

Leben und Sterben

Wie glücklich ist man doch in der Jugend! Ich bereue sie nicht, weil sie mir stets Neues brachte; aus dem gleichen Grunde bin ich meinem Alter gram, denn jetzt finde ich Neues nur noch in der Zeitung, deren Vorhandensein ich damals gern verachtete, und in mißlichen Ereignissen, die mich zwingen, vorsichtig zu sein.

Meine Ringe, meine Tabaksdosen, die Ketten meiner diamantbesetzten Uhren, dazu mein mit Diamanten und Rubinen geschmücktes Kreuz, das ich an einem blutroten Band um den Hals trug, machten mich zu einer bedeutenden Persönlichkeit. Das Kreuz war der Orden vom Goldenen Sporn, den mir der Papst verliehen hatte; aber es war kein Sporn daran zu sehen. Man wußte nicht, was es war, und das freute mich. Die Neugierigen, die mich nicht danach zu fragen wagten, taten gut daran.

Ich war glücklich und gestand es mir ein, trotz aller dummen Morallehrer, die behaupten, es gäbe auf Erden kein wirkliches Glück. Schon der Ausdruck ›auf Erden‹ bringt mich zum Lachen; als ob man es anderswo suchen könnte.

Ich spielte, und das war ganz falsch von mir, denn ich hatte weder die Kraft aufzuhören, wenn das Glück gegen mich war, noch die Beherrschung, meinem Geld nicht nachzulaufen. Mich zwang eine gewisse Habsucht zum Spiel. Ich gab gern Geld aus, aber es gereute mich, wenn mir nicht das Spiel die Mittel geliefert hatte. Ich war der Meinung, das im Spiel gewonnene Geld habe mich nichts gekostet.

Ich würde mich für schuldig halten, wenn ich heute reich wäre. Aber ich besitze nichts; ich habe alles unbedenklich ausgegeben, und das tröstet und rechtfertigt mich.

Als ich abgemagert und ohne Geld war, gab mir niemand mehr Beweise von Wertschätzung. Man hörte mir nicht zu, wenn ich sprach, oder man fand alles abgeschmackt, was man geistreich gefunden hätte, wenn ich noch reich gewesen wäre. »Nam bene nummatum decorat Suadela Venusque.«

Man wich mir aus, als ob die Pechsträhne, die mich bedrückte, ansteckend gewesen wäre; und vielleicht hatte man recht.

Den Gedanken, in der Astrologie berühmt zu werden, die von der Vernunft in meinem Jahrhundert so sehr in Verruf gebracht worden war, fand ich höchst erfreulich. Ich sonnte mich in der Aussicht, von den Herrschern gesucht und im Alter unnahbar zu werden.

Es hat auf Erden nie wirkliche Zauberer gegeben; aber ihre Macht hat zu allen Zeiten durch jene bestanden, denen sie geschickt einzureden vermochten, sie seien tatsächlich Zauberer.

Casanova und Henriette (Tina Aumont)

Er sagte mit tiefer Einsicht, in den Händen eines Unvorsichtigen sei jede Medizin ein Gift, wie andererseits das Gift in der Hand des Weisen zur Medizin werde.

Der gesunde Menschenverstand ist der ganzen Theologie, und besonders der spekulativen, fremd.

Man behauptet, daß ein Atheist, der bei seinen Erwägungen an Gott denkt, mehr wert ist als ein Theist, der nie an ihn denkt.

Vor dem Duell habe ich Gott nur diese wenigen Worte gesagt: »Herr des Himmels, wenn mein Gegner mich tötet, bin ich verdammt; bewahre mich also vor dem Tod.«

Alle, die sich wegen eines großen Kummers umgebracht haben, sind damit dem Wahnsinn zuvorgekommen, der sich ihres Verstandes bemächtigt hätte, wenn sie es nicht getan hätten. Also hätten alle, die verrückt geworden sind, dieses Unglück nur durch Selbstmord verhindern können. Aber ich folgere: Der Mensch darf nie Selbstmord begehen, denn es kann der Fall eintreten, daß sein Kummer schwindet, bevor ihn der Wahnsinn befällt.

Da im Leben allein die Gegenwart wirklich ist, genoß ich sie und wies die Bilder der Vergangenheit von mir, ganz zu schweigen von dem Dunkel der stets unheildrohenden Zukunft, die mit Gewißheit nur den Tod bringt als ›ultima linea rerum‹ (das Ende aller Dinge).

Der Tod ist ein Ungeheuer, das einen aufmerksamen Zuschauer aus dem Welttheater vertreibt, noch bevor das Stück, das ihn ungemein fesselt, zu Ende ist. Dieser Grund allein müßte schon genügen, um ihn zu verabscheuen.

Da ich mich also erst nach meinem Lebensende in der vollkommenen Gewißheit wiegen darf, unsterblich zu sein, wird man mir verzeihen, wenn ich es nicht eilig habe, zur Erkenntnis dieser Wahrheit zu gelangen. Eine Erkenntnis, die das Leben kostet, ist zu teuer erkauft.

Giseldas böser Hintern ▷

STEFAN ZWEIG

Casanovas Leben und Taten

Bildnis des jungen Casanova

»Wissen Sie, Sie sind ein sehr schöner Mann.«
Friedrich der Große, 1764 im Park von Sanssouci, plötzlich innehaltend und ihn betrachtend, zu Casanova

Theater in einer kleinen Residenzstadt: die Sängerin hat eben mit kühner Koloratur ihre Arie geendet, wie knatternder Hagel ist Beifall niedergeprasselt, jetzt aber, während der mählich einsetzenden Rezitative lockert sich allgemein die Aufmerksamkeit. Die Stutzer machen Besuche in den Logen, die Damen lorgnettieren, essen mit silbernen Löffeln die sublimen Gelati und den orangefarbenen Sorbett: beinahe unnötig, daß auf der Bühne indes Harlekin seine Lazzi mit einer pirouettierenden Kolombine wirbelt. Da, mit einemmal wenden sich alle Blicke neugierig einem Fremden zu, der kühn und lässig zugleich mit der rechten Desinvoltura eines vornehmen Mannes verspätet das Parkett betritt, jedem unbekannt. Reichtum umrauscht die herkulische Gestalt, ein aschfarben geschorenes Samtkleid schlägt sich faltig auf über zierlich durchstickter Brokatweste, und kostbare Spitzen, goldene Litzen zeichnen von den Halsspangen des Brüsseler Jabots hinab bis zu den seidenen Strümpfen die dunkleren Linien des Prunkgewandes mit. Die Hand trägt wie achtlos einen weißfedrigen Paradehut, ein dünner, süßer Duft von Rosenöl oder neumodischer Pomade weht dem vornehmen Fremden nach, der jetzt an die Brüstung der ersten Reihe sich nachlässig hinrekelt, die ringgespickte Hand hochmütig auf den juwelenbeschlagenen Degen aus englischem Stahl gestützt. Als spüre er nicht das allgemeine Bemerktwerden, hebt er sein goldenes Lorgnon, um mit gespielter Gleichgültigkeit die Logen zu mustern. Von allen Sitzen und Bänken zischelt's schon: ein Fürst, ein reicher Ausländer? Köpfe drängen zusammen, ehrfurchtsvolles Flüstern deutet auf den diamantumringten Orden, der quer über die Brust an karmeisinrotem Bande schwingt (und den er derart mit glitzernden Steinen überwuchert hat, daß niemand mehr das erbärmliche päpstliche Sporenkreuz erkennt, billiger als Brombeeren). Die Sänger auf der Bühne spüren sofort das Nachlassen der Aufmerksamkeit, lockerer fließen die Rezitative, denn über Violine und Gamba hinweg spähen die vorgehuschten Tänzerinnen aus der Kulisse, ob da nicht ein Dukatenherzog herwehe für ergiebige Nacht.

Aber ehe Hunderte im Saale die Scharade dieses Fremden, das Rätsel seiner Herkunft, zu lösen vermögen, haben die Frauen in den Logen schon ein anderes bemerkt, mit Bestürzung fast: wie schön dieser fremde Mann ist, wie schön und wie sehr Mann. Mächtig von Wuchs, breit gequadert die Schultern, griffig die durchmuskelten fleischigen Hände, keine weichliche Linie in dem angespannten, stählern-männischen Leib, steht er da, den Nacken ein wenig gesenkt, wie ein Stier vor dem Ansturm. Von der Seite gesehen, dünkt dies Antlitz eine römische Münze, so messerscharf und metallen ist jede einzelne Linie von dem Kupfer dieses dunklen Hauptes abgeschrägt. Mit schönem Schwung wirft eine Stirne, um die jeder Dichter diesen Fremden beneiden dürfte, sich aus kastanienfarbenem, zärtlich gelocktem Haar – ein frecher, kühner Haken springt die Nase vor, starkknochig das Kinn und unter dem Kinn wieder ein doppelnußgroßer wölbiger Adamsapfel (nach dem Weiberglauben die sicherste Bürgschaft tatkräftiger Männlichkeit): unverkennbar, jeder Zug in diesem Gesicht meint Vorstoß, Eroberung, Entschlossenheit. Einzig die Lippe, sehr rot und sinnlich, wölbt sich weich und feucht und zeigt wie Granatapfelfleisch die weißen Kerne der Zähne. Langsam wendet der schöne Mann jetzt das Profil den dunklen Schaukasten des Theaters entlang: unter den ebenmäßigen, sehr rund geschwungenen, buschigen Brauen flackert aus schwarzen Pupillen ein ungeduldiger Unruheblick, recht ein Jäger- und Beuteblick, bereit, mit einem Ruck adlerhaft auf ein Opfer zu stürzen. Aber noch flackert er nur, noch brennt er nicht ganz, bloß als tastendes Blinkfeuer streift er die Logen entlang und mustert an den Männern vorbei, wie etwas Käufliches das Warme, Nackte, Weiße in den schattigen Nestern: die Frauen. Er betrachtet sie eine nach der andern, wählerisch, kennerisch, und fühlt sich betrachtet; dabei lockert sich ein wenig die sinnliche Lippe auf, ein beginnender Hauch von Lächeln um den satten, südländischen Mund läßt zum erstenmal das breite, schneeweiße Tiergebiß blank vorleuchten. Noch gilt dies Lächeln keiner einzigen Frau, noch gilt es ihnen allen, dem Wesen Weib, das da nackt und heiß unter den Kleidern sich birgt. Aber jetzt hat er in der Loge eine Bekannte erspäht: sofort sammelt sich der Blick, sofort überfließt ein samtiger und gleichzeitig glitzernder Glanz das eben noch frech fragende Auge, die linke Hand läßt den Degen, die rechte faßt nach dem schweren Federhut, und so tritt er heran, ein angedeutetes Wort des Erkennens auf den Lippen. Graziös beugt er den Muskelnacken zum Kuß über die dargebotene Hand und spricht sie höflichst an; aber man merkt am Zurückweichen und Verwirrtsein der Umschmeichelten, wie zärtlich schmelzend das Arioso der Stimme in sie eindringt, denn sie biegt sich verlegen zurück und stellt den Fremden ihren Begleitern vor: »Le chevalier de Seingalt.« – Verbeugungen, Zeremonien, Höflichkeiten, man bietet dem Gast einen Platz in der Loge, den er bescheiden zurückweist, und aus dem courtoisen Hin und Her faltet sich endlich Gespräch. Allmählich erhebt Casanova die Stimme, über die andern hinweg. Nach Schauspielerart läßt er die Vokale weich sich aussingen, die Konsonanten rhythmisch rollen, und immer sichtlicher spricht er über die Loge hinweg, laut und ostentativ; denn er will, daß die herangebeugten Nachbarn hören, wie geistvoll und gewandt er französisch, italienisch konversiert, wie geschickt er seinen Horaz zitiert. Scheinbar zufälligerweise hat er die Ringhand solcherart auf die Logenbrüstung gelegt, daß man von weither die kostbaren Spitzenmanschetten und vor allem den riesigen Solitär an seinem Finger funkeln sehen kann – jetzt bietet er aus diamantenbesetzter Dose den Kavalieren mexikanischen Schnupftabak an. »Mein Freund, der spanische Gesandte, hat ihn mir gestern durch den Kurier geschickt« (– man hört es bis in die Nachbarloge –); und da einer der Herren höflich das Miniaturbild auf der Dose bewundert, äußert er nachlässig, aber doch laut genug, damit sich's im Saal verbreite: »Ein Präsent von meinem Freund und gnädigen Herrn, dem Kurfürsten von Köln.« Ganz absichtslos scheint er so zu plaudern, aber inmitten dieses Paradierens wirft der Bramarbas immer wieder einen raschen Raubvogelblick nach rechts und links, um die eigene Wirkung zu erspähen. Ja, alles beschäftigt sich mit ihm, er fühlt die Frauenneugier an sich hängen, spürt, daß er bemerkt ist, bewundert, geehrt, und das macht ihn noch kühner. Mit einer geschickten Wendung dreht er das Gespräch bis hinüber in die Nachbarloge, wo die Favoritin des Fürsten sitzt und – er fühlt es – wohlgefällig seinem echtpariser Französisch lauscht; und mit devoter Geste streut er, von einer schönen Frau erzählend, eine galante Artigkeit vor sie hin, die sie lächelnd quittiert. Und nun bleibt seinen Freunden nichts übrig, als den Chevalier der hohen Dame vorzustellen. Schon ist das Spiel gewonnen. Morgen mittag wird er mit den Vornehmsten der Stadt speisen, morgen abend wird er in irgendeinem der Paläste den Vorschlag zu einem kleinen Pharaospiel machen und seine Gastgeber plündern, morgen nachts wird er mit einer dieser funkelnden, unter ihren Kleidern nackten Frauen schlafen – und alles dies kraft seines kühnen, sicheren und energischen Auftretens, seines Siegerwillens und der männlich freien Schönheit seines braunen Gesichts, dem er alles dankt: das Lächeln der Frauen und den Solitär am Finger, die diamantene Uhrkette und die goldenen Litzen, den Kredit bei den Bankherren und die Freundschaft des Adels und herrlicher als dies: Freiheit in der unendlichen Vielfalt des Lebens.

Unterdessen hat sich die Primadonna bereit gemacht, die neue Arie zu beginnen. Nach einer tiefen Verbeugung, schon dringlich eingeladen von den durch seine weltmännische Konversation bezauberten Kavalieren, bereits zum Lever der Favoritin gnädigst bestellt, tritt Casanova wieder an seinen Platz zurück und läßt sich nieder, die Linke auf den Degen gestützt, das schöne braune Haupt vorgeneigt, um kennerisch dem Gesang zu lauschen. Hinter ihm zischelt von Loge zu Loge die gleiche indiskrete Frage und als Antwort zurück von Mund zu Mund: »Der Chevalier de Seingalt.« Mehr weiß niemand von ihm, nicht, woher er gekommen, nicht, was er treibt, nicht, wohin er geht, nur der Name summt und surrt den ganzen dunklen und neugierigen Saal und tanzt – unsichtbar, flirrende Lippenflamme – bis hinaus zur Bühne, zu den gleichfalls neugierigen Sängerinnen. Aber plötzlich lacht eine kleine venezianische Tänzerin auf. »Chevalier de Seingalt? Oh, dieser Schwindler! Das ist ja Casanova, der Sohn der Buranella, der kleine Abbate, der meiner Schwester vor fünf Jahren die Jungfernschaft abgeschwatzt hat, der Hofnarr des alten Bragadin, Aufschneider, Lump und Abenteurer.« Jedoch das muntere Mädchen scheint ihm seine Untaten nicht sonderlich übel zu nehmen, denn aus den Kulissen zwinkert sie ihm erkennerisch zu und führt die Fingerspitzen kokett an die Lippe. Er merkt's und entsinnt sich: nur unbesorgt, sie wird ihm sein Spielchen mit den vornehmen Narren nicht stören und lieber heute nachts mit ihm schlafen.

Schwester Maddalena (Margaret Clementi) empfängt Casanova im Lustschlößchen des französischen Botschafters, Herrn de Bernis ▷

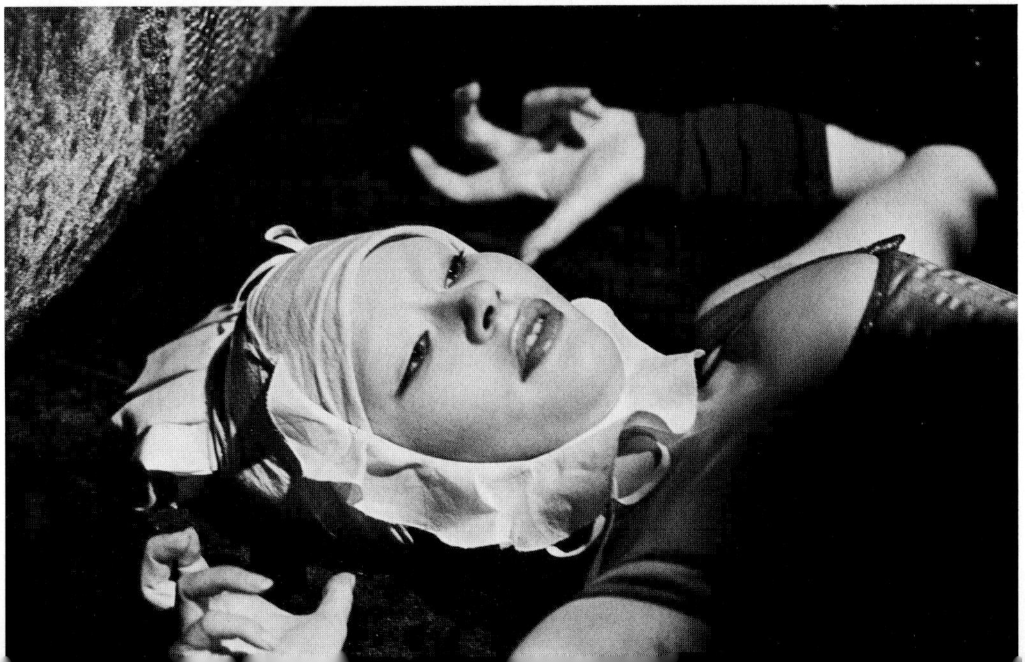

Die Abenteurer

»Weiß sie, daß dein einziges Vermögen die Dummheit der Menschen ist?«
Casanova zum Falschspieler Croce

Vom Siebenjährigen Krieg bis zur Französischen Revolution, ein knappes Vierteljahrhundert dunstet Windstille über Europa, die großen Dynastien Habsburg, Bourbon und Hohenzollern haben sich müde gekriegt. Die Bürger blasen Tabak behaglich in stillen Kringeln vor sich hin, die Soldaten pudern ihre Zöpfe und putzen die nutzlos gewordenen Gewehre, die geplagten Länder können endlich ein wenig verschnaufen. Aber die Fürsten langweilen sich ohne Krieg. Sie langweilen sich mörderisch, alle die deutschen und italienischen und sonstigen Duodezfürsten in ihren liliputanischen Residenzen, und möchten gern amüsiert sein. Gräßlich ennuyant haben es diese Armen, diese kleingroßen, scheingroßen Kurfürsten und Herzöge auf ihren noch kaltnassen, frischaufgebauten Rokokoschlössern trotz allen Lustgärten, Fontänen und Orangerien, trotz Zwingern, Galerien, Wildparks und Schatzkammern. Aus Langeweile werden sie sogar Kunstgönner und Schöngeister, korrespondieren mit Voltaire und Diderot, sammeln chinesisches Porzellan, mittelalterliche Münzen, barocke Bilder, bestellen sich französische Komödien, italienische Sänger und Tänzer, und nur der Herr in Weimar hat mit gutem Griff sich ein paar Deutsche, namens Schiller, Goethe und Herder, an seinen Hof geladen. Sonst aber wechseln nur Sauhatzen und Wasserpantomimen mit theatralischem Divertissement, denn immer, wenn die Welt müde wird, erzwingt sich die Spielwelt, das Theater, Mode und Tanz besondere Wichtigkeit, und so überbieten sich damals die Fürsten mit Geld und diplomatischen Aktionen, um einer dem andern die interessantesten Amüseure, die besten Tänzer, Musiker, Kastraten, Philosophen, Goldsucher, Kapaunenmäster und Orgelspieler abzujagen. Gluck und Händel, Metastasio und Hasse, das wird sich ebenso wechselseitig abgeluchst wie Kabbalisten und Kokotten, Feuerwerker und Sauhetzer, Textschreiber und Ballettmeister. Und nun haben sie glücklich Zeremonienmeister und Zeremonien, Steintheater und Opernsäle, Bühnen und Ballette, nun fehlt nur noch eines, um der Langeweile der Kleinstadt Schach zu bieten und der rettungslosen Monotonie der ewig gleichen sechzig Adelsgesichter den Anschein von wirklicher Gesellschaft zu geben: vornehme Visiten, interessante Gäste, ein paar Rosinen für den Sauerteig der kleinstädtischen Langeweile, ein wenig Wind von großer Welt in die Stickluft der Dreißigstraßenresidenz.

Dies hören von einem Hof, und, rutsch! schon sausen sie her, die Abenteurer in Hunderten von Masken und Verkleidungen, niemand weiß, aus welchem Windwinkel und Versteck. Aber über Nacht sind sie da, mit einem Reisewagen und englischen Kutschen kommen sie vorgefahren und mieten mit lockerer Hand gleich die nobelste Zimmerfront der vornehmsten Herberge. Sie tragen phantastische Uniformen irgendeiner hindostanischen oder mongolischen Armee und führen pompöse Namen, die in Wirklichkeit *pierres de strass* sind, falsche Edelsteine wie ihre Schuhschnallen. Sie sprechen alle Sprachen, behaupten, alle Fürsten und großen Leute zu kennen, sie haben angeblich in allen Armeen gedient und an allen Universitäten studiert. Ihre Taschen stecken voll Projekte, ihr Mundwerk klappert von kühnen Versprechen, sie planen Lotterien und Extrasteuern, Staatsbündnisse und Fabriken, sie offerieren Weiber und Orden und Kastraten; und obwohl sie selbst keine zehn Goldstücke in der Tasche haben, flüstern sie jedem zu, sie wüßten das Geheimnis der *tinctura auri*. Die Abergläubischen fangen sie mit Horoskopen, die Leichtgläubigen mit Projekten, die Spieler mit falschen Karten und die Ahnungslosen mit mondäner Vornehmheit – all dies aber in den faltenrauschenden, undurchsichtigen Nimbus von Fremdartigkeit und Geheimnis gehüllt, unerkennbar und dadurch doppelt interessant. Wie Irrlichter plötzlich aufglänzend und ins Gefährliche führend, flackern und zukken sie in der trägen, brackigen Sumpflust der Höfe hin und her, kommend und verschwindend im gespenstigen Lügentanz.

Man empfängt sie bei den Höfen, amüsiert sich über sie, ohne sie zu achten, fragt so wenig nach ihrer Adelsechtheit wie ihre Frauen nach dem Ehering und die mitgebrachten Mädchen nach ihrer Jungfernschaft. Denn wer Pläsier gibt, auch eine Stunde nur die Langeweile, diese gräßlichste aller Fürstenkrankheiten, lindert, ist dieser amoralischen, von materialistischer Philosophie aufgelockerten Atmosphäre ohne viel Fragen willkom-

◁ *Die sexual-akrobatischen Künste des Chevalier de Seingalt*

men. Wie die Dirnen duldet man sie gern, solange sie amüsieren und nicht gar zu frech räubern. Manchmal kriegt das Künstler- und Gaunerpack (etwa wie Mozart) einen erlauchten Fußtritt in den Hintern, manchmal rutschen sie aus dem Ballsaal ins Gefängnis und sogar, wie der kaiserliche Theaterdirektor Afflisio, bis hinab in die Galeeren. Die Gerissensten zecken sich fest, werden Steuereinnehmer, Kurtisanenliebhaber oder als gefälliger Gatte einer Hofhure sogar echte Edelmänner und Barone. Aber meist tun sie wohl, nicht zu warten, bis der Braten brenzlig wird, denn ihr ganzer Zauber beruht in ihrer Neuheit und ihrem Inkognito; biegen sie zu frech die Karten, greifen sie unmäßig tief in die Taschen, machen sie sich gar zu lange häuslich an einem Hofe, so kann plötzlich einer kommen, der ihnen den Mantel aufhebt und darunter das Diebsmal oder die Staupe des Sträflings zeigt. Nur häufiger Luftwechsel kann sie vom Galgen salvieren, darum kutschieren auch diese Glücksritter unablässig in Europa herum, Geschäftsreisende ihres dunklen Handwerks, Zigeuner von Hof zu Hof, und so dreht sich durch das ganze achtzehnte Jahrhundert ein einziges Gaunerkarussell mit denselben Gestalten von Madrid bis Petersburg, von Amsterdam bis Preßburg, von Paris bis Neapel; erst nennt man's Zufall, daß Casanova an jedem Spieltisch und bei jedem Höflein denselben Lumpenbrüdern begegnet, dem Talvis, dem Afflisio, dem Schwerin und Saint-Germain, aber diese unablässige Wanderschaft bedeutet für die Adepten mehr Flucht als Vergnügen – nur in der Kurzfristigkeit sind sie sicher, nur durch Zusammenspiel können sie sich decken, denn sie alle zusammen bilden eine einzige Sippe, eine Freimaurerschaft ohne Kelle und Zeichen, den Abenteurerorden. Wo sie einander begegnen, halten sie, Gauner dem Gauner, die Leiter, einer schiebt den andern in die vornehme Gesellschaft hinein und legitimiert sich, indem er seinen Spielkumpan anerkennt; sie tauschen die Weiber, die Röcke, die Namen und nur eines nicht: den Beruf. Sie alle, die um die Höfe schmarotzen, Schauspieler, Tänzer, Musiker, Glücksritter, Huren und Goldmacher, sind mit den Jesuiten und Juden damals die einzigen Interationalen der Welt zwischen einem seßhaften, engstirnigen, kleingeistigen Hochadel und einem noch unfreien, dumpfen Bürgertum, ein modernes Zeitalter bricht an mit ihnen, eine neue Kunst der Ausbeuterei; sie plündern nicht mehr die Wehrlosen und berauben keine Straßenkutschen, sondern sie bluffen die Eitlen und erleichtern die Leichtsinnigen. Diese neue Art Beutelschneiderei hat ein Bündnis gemacht mit dem Weltbürgertum und soignierten Manieren; statt nach alter Mordbrennerart, rauben sie mit gestochenen Karten und geschobenen Wechseln. Sie haben nicht mehr die plumpen Fäuste, die versoffenen Gesichter, die rüden Manieren der Soldatenkapitäne, sondern edel beringte Hände und eine gepuderte Perücke über der nachlässigen Stirn. Sie lorgnettieren und pirouettieren wie Tänzer, sprechen ein bravoureuses Parlando wie Schauspieler, tun dunkel wie Erzphilosophen: kühn ihren unruhigen Blick verdeckend, schlagen sie am Spieltisch die Volte und schmieren den Frauen mit geistreicher Konversation ihre Liebestinkturen und falschen Juwelen an.

Nicht zu leugnen: ein gewisser Zug ins Geistige und Psychologische steckt in ihnen allen, der sie sympathisch macht, und einige unter ihnen reichen bis ins Geniale hinein. Die zweite Hälfte des achtzehnten Jahrhunderts bedeutet ihr Heldenzeitalter, ihre goldene Epoche, ihre klassische Periode; genau wie vordem unter Ludwig XV. eine glänzende Pléiade die französischen Dichter und später in Deutschland der wunderbare Augenblick von Weimar die schöpferische Form des Genius in wenige und dauernde Gestalten zusammenfaßt, so glänzt damals das große Siebengestirn der sublimen Schwindler und unsterblichen Abenteurer sieghaft über die europäische Welt. Bald genügt ihnen nicht mehr der Griff in fürstliche Taschen, grob und großartig greifen sie ins Zeitgeschehen und drehen das riesige Rouletterad der Weltgeschichte. John Law, ein hergelaufener Ire, zerpulvert mit seinen Assignaten die französischen Finanzen, D'Eon, ein Zwitter von Mann und Weib, zweifelhaften Geschlechts und Rufs, leitet die internationale Politik, ein kleiner rundköpfiger Baron Neuhoff wird wahr und wahrhaftig König von Korsika, um dann freilich im Schuldturm zu enden; Cagliostro, ein sizilianischer Landbursche, der sein Leben lang nicht recht Lesen und Schreiben erlernte, dreht aus dem berüchtigten Halsband dem Königtum den Strick, der es erwürgt. Der alte Trenck, der tragischeste von allen, weil Abenteurer ohne Unedelkeit, und der schließlich mit dem Kopf gegen die Guillotine rennt, tragiert mit roter Mütze den Heros der Freiheit, Saint-Germain, der Magier ohne Alter, sieht den König von Frankreich demütig zu seinen Füßen und

Verneigung vor dem französischen Botschafter, der als Voyeur durch ein Guckloch die Liebesspiele verfolgte ▷

narrt noch heute mit dem Geheimnis seiner unentdeckten Geburt den Eifer der Wissenschaft. Alle haben sie mehr Macht in Händen als die Mächtigsten, sie blenden die Gelehrten, verführen die Frauen, sie plündern die Reichen und ziehen ohne Amt und Verantwortung heimlich die Fäden der politischen Marionetten. Und der letzte, nicht der schlechteste, unser Giacomo Casanova, der Historiograph dieser Gilde, der sie alle darstellt, indem er sich selber erzählt, rundet die Siebenzahl der Unvergessenen und Unvergeßlichen in ergötzlichster Weise – jeder einzelne berühmter als alle Dichter, wirksamer als alle Politiker ihrer Zeit, kurzfristige Herren einer schon dem Untergang verschworenen Welt. Denn nur dreißig oder vierzig Jahre im ganzen dauert die Heldenzeit dieser großen Talente der Frechheit und mystischen Schauspielerei in Europa, dann zerstört sie sich selbst durch ihren vollendeten Typus, durch ihr vollkommenstes Genie, durch den wahrhaft dämonischen Abenteurer, Napoleon. Immer macht das Genie großartig Ernst, wo das Talent nur spielt, es begnügt sich nicht mit Episodenrollen, sondern fordert schöpferisch die ganze Bühne der Welt für sich allein. Wenn der kleine korsische Habenichts Bonaparte sich Napoleon nennt, so versteckt sich nicht wie bei Casanova-Seingalt, bei Balsamo-Cagliostro das Bürgerliche feig mehr hinter edelmännischer Maske, sondern herrisch tritt der Anspruch geistiger Überlegenheit vor die Zeit und heischt den Triumph als sein Recht, statt ihn listig zu erschleichen. Mit Napoleon, dem Genie all dieser Talente, dringt das Abenteurertum aus dem Vorzimmer der Fürsten in den Thronsaal; er beendet, indem er ihn vollendet, den Aufstieg des Illegitimen zur Höhe der Macht und setzt dem Abenteurertum die Krone Europas aufs Haupt.

Bildung und Begabung

»Man sagt, daß er ein Literat sei, aber mit einem an Kabalen reichen Geist, daß er in England und Frankreich gewesen ist, bei Kavalieren und Frauen unerlaubte Vorteile zog, da es immer seine Art war, auf Kosten anderer zu leben und leichtgläubige Leute für sich einzunehmen... wenn man mit besagtem Casanova sich vertraut macht, sieht man in ihm Unglauben, Betrug, Unzucht und Wollüstigkeit in schreckenserregender Art vereint.«
Geheimbericht der Venezianischen Inquisition 1755

Niemals leugnet Casanova, Abenteurer gewesen zu sein, im Gegenteil, mit vollen Backen berühmt er sich stolz, lieber den Narrenfänger als den Genarrten, lieber den Pelzscherer als den Geschorenen gespielt zu haben in einer Welt, die, wie schon der Lateiner weiß, allzeit gerne betrogen sein will. Aber nur eines lehnt er strikte ab, deshalb schon verwechselt zu werden mit den Galeerenbrüdern und Galgenschlingeln, die grob und gerade heraus die Taschen plündern, statt kultiviert und elegant den Dummen das Geld aus den Händen zu zaubern. Immer klopft er sich in den Memoiren sorgfältig den Mantel ab, wenn er eine Begegnung (und in Wahrheit Halbpartkompanie) mit den Falschspielern Afflisio oder Talvis zugestehen muß, denn obwohl er und sie sich da auf gleicher Ebene begegnen, so kommen sie doch aus anderen Welten, Casanova von oben, aus der Kultur, und jene von unten, aus dem Nichts. Genau so, wie der ehemalige Student, Schillers ethischer Räuberhauptmann Karl Moor, seine Spießgesellen Spiegelberg und Schufterle verachtet, weil sie als rüdes und blutiges Handwerk treiben, was ihn ein verkehrt getriebener Enthusiasmus ergreifen ließ, so sondert sich auch Casanova immer energisch von dem Falschspielergesindel ab, das dem herrlichen, dem göttlichen Abenteurertum allen Adel und Anstand nimmt. Denn tatsächlich, eine Art Edelmannstitel fordert unser Freund Giacomo für die Abenteurerei, als eine sehr subtile Kunst will er die Komödiantenfreude des Scharlatans gewertet wissen. Hört man ihm zu, so bleibt dem Philosophen auf Erden keine andere sittliche Pflicht, als sich weidlich auf Kosten aller Dummen zu amüsieren, die Eitlen zu düpieren, die Einfältigen zu prellen, die Geizigen zu erleichtern, die Ehemänner zum Hahnrei zu machen, ja kurzweg als Abgesandter der göttlichen Gerechtigkeit alle Narrheit dieser Erde zu bestrafen. Betrug ist für ihn nicht nur Kunst, sondern eine übermoralische Pflicht, und er übt sie, dieser wackere Prinz Vogelfrei, mit blühweißem Gewissen und einer unvergleichlichen Selbstverständlichkeit.

Und wirklich, dies darf man Casanova glauben, daß er nicht bloß aus Geldnot und Arbeitsfaulheit Abenteurer geworden ist, sondern aus eingeborenem Temperament, aus unaufhaltsamem Genie. Von Vater und Mutter her mit Schauspielertum belastet, macht er sich die ganze Welt zur Bühne und Europa zur Kulisse; Bluffen, Blenden, Düpieren und Narren ist ihm wie weiland Eulenspiegel eine blutnatürliche Funktion, und er könnte nicht leben ohne die Karnevalsfreude an Maske und Spaß. Hundertmal hat er Gelegenheit, in brave Berufe sich einzupassen, aber keine Versuchung kann ihn halten, keine Lockung ihn im Bürgerlichen heimisch machen. Schenkt ihm Millionen, bietet ihm Amt und Würde, er wird sie nicht nehmen, sondern immer wieder zurückflüchten in sein urtümliches, heimatloses, flügelleichtes Element. So steht es ihm Rechtens zu, sich von den andern Glücksrittern mit einem gewissen Hochmut zu unterscheiden. Messer Casanova ist immerhin ehelich geboren und aus leidlich achtbarer Familie, seine Mutter, ›la buranella‹ genannt, eine berühmte Cantatrice, die auf allen Opernbühnen Europas exzelliert, seines Bruders Francesco Namen findet man in jeder Kunstgeschichte und seine großen Schlachtenschinken noch heute in allen Galerien der Christenheit. Alle seine Verwandten betreiben hochanständige Berufe, tragen die respektable Toga des Advokaten, des Notars, des Priesters – man sieht also, er kommt durchaus nicht aus der Gosse, unser Casanova, sondern aus der gleichen, künstlerisch angefärbten Bürgerschicht wie Mozart und Beethoven. Genau wie jene genießt er vortreffliche humanistische und europäische Sprachbildung, er lernt trotz allen Narrenspossen und früher Kenntnis des Weibes doch trefflich Latein, Griechisch, Französisch, Hebräisch, ein wenig Spanisch und Englisch – nur unser geliebtes Deutsch bleibt ihm dreißig Jahre lang ungekaut zwischen den Zähnen. In Mathematik exzelliert er ebenso wie in Philosophie, als Theologe hält er in einer venezianischen Kirche schon im sechzehnten Jahr seine Jungfernrede, als Violinist erfiedelt er sich ein Jahr lang im Theater San Samuele das tägliche Brot. Ob sein Rechtsdoktorat in Padua, das er mit achtzehn Jahren erworben haben will, rechtmäßig oder geflunkert war, über dies wichtige Problem liegen sich heute noch die illustren Casanovisten in den Haaren; jedenfalls hat er viel Akademisches gelernt, denn er kennt sich aus in Chemie, Medizin, Geschichte, Philosophie, Literatur und vor allem in den erträglicheren, weil dunkleren Wissenschaften, wie Astrologie, Goldmacherei, Alchimie. Dazu brilliert der hübsche, flinke Bursche noch in allen höfischen und körperlichen Künsten, in Tanzen, Fechten, Reiten, Kartenspielen wie nur irgendein vornehmer Kavalier, und nimmt man zu all diesem gut und geschwind Gelernten noch das Faktum eines geradezu phänomenalen Gedächtnisses, das innerhalb von siebzig Jahren keine Physiognomie vergißt, nichts Gehörtes, Gelesenes, Gesprochenes, Geschautes aus dem Erinnern verliert, so gibt das alles zusammen schon eine Qualität besonderen Ranges: beinahe einen Gelehrten, beinahe einen Dichter, beinahe einen Philosophen, beinahe einen Kavalier.

Ja, aber nur beinahe, und dieses ›beinahe‹ markiert unbarmherzig die Fraktur für Casanovas vielfältiges Talent. Er ist alles beinahe, ein Dichter und doch nicht ganz, ein Dieb und doch kein professioneller. Er streift hart bis an die höchste geistige Sphäre, hart gleichfalls an die Galeere, aber keine einzige Begabung, keinen einzigen Beruf füllt er völlig aus. Als der vollendetste und universalste Dilettant weiß er viel von allen Künsten und Wissenschaften, sogar unglaublich viel, und nur ein Kleines fehlt ihm, um wirklich produktiv zu werden: der Wille, die Entschlossenheit und die Geduld. Ein Jahr hinter den Büchern, und man fände keinen bessern Juristen, keinen geistreicheren Geschichtsschreiber, er könnte Professor werden jeder Wissenschaft, aber Casanova denkt niemals daran, irgend etwas gründlich zu tun. Er will nichts sein, ihm genügt, alles nur zu scheinen: der Schein trügt ja die Menschen, und Betrügen bleibt für ihn die ergötzlichste Betätigung von allen. Er weiß, daß, um die Narren zu täuschen, nicht viel profunde Gelehrsamkeit sich als nötig erweist; in welcher Materie er nur ein Quentchen Kenntnis hat, da springt ihm sofort ein herrlicher Helfer bei: seine ganz kolossalische Unverfrorenheit. Stellt Casanova was für eine Aufgabe immer, niemals wird er zu-

Karneval in Venedig

geben, in diesem Fache ein Neuling zu sein, sofort wird er die allerernsteste, fachmännischeste Miene aufsetzen, als geborener Schwindler geschickt lavieren und sich fast immer mit Anstand auch aus der anrüchigsten Affäre ziehen. In Paris fragte ihn der Kardinal de Bernis, ob er etwas vom Lotteriewesen verstünde. Natürlich hat er keine blasse Ahnung, aber ebenso natürlich für den Mauldrescher, daß er ernst die Frage bejaht und vor einer Kommission mit seiner unerschütterlichen Suada Finanzprojekte entwickelt, als wäre er zwanzig Jahre schon gerissener Bankier. In Valencia fehlt der Text für eine italienische Oper: Casanova setzt sich nieder und dichtet ihn aus dem Handgelenk. Würde man ihm angeboten haben, auch die Musik zu schreiben, er kratzte sie zweifellos aus alten Opern geschickt zusammen. Bei der Kaiserin von Rußland erscheint er als Kalenderreformer und gelehrter Astronom, in Kurland inspiziert er als rasch improvisierter Fachmann die Bergwerke, der Republik Venedig empfiehlt er ein neues Verfahren zum Färben von Seide, in Spanien tritt er auf als Bodenreformer und Kolonisator, dem Kaiser Joseph II. überreicht er ein umfangreiches Elaborat gegen den Wucher. Für den Herzog von Waldstein dichtet er Komödien, der Herzogin von Urfé baut er den Baum der Diana und ähnliche alchimistische Gaunerstücke, der Madame Roumains öffnet er mit dem Schlüssel Salomons den Geldschrank, für die französische Regierung kauft er Aktien, in Augsburg figuriert er als portugiesischer Gesandter, in Bologna pamphletiert er über Medizin, in Triest schreibt er die Geschichte des polnischen Reiches und übersetzt die Ilias in Ottaverime – kurz, Hans Dampf in allen Gassen hat kein Steckenpferd, aber er weiß, auf jedem zu reiten, das

Der Sturz des Engels vom Campanile

man ihm zwischen die Beine schiebt. Blättert man das Verzeichnis seiner nachgelassenen Schriften durch, so glaubt man, einen Universalphilosophen, einen neuen Leibniz erstanden. Da liegt ein dickleibiger Roman neben der Oper Odysseus und Circe, ein Versuch über die Kubusverdopplung, ein politischer Dialog mit Robespierre; und hätte von ihm jemand verlangt, theologisch das Dasein Gottes zu beweisen oder einen Hymnus auf die Keuschheit zu dichten, er hätte nicht zwei Minuten lang gezögert.

Immerhin, welche Begabung! In jede Richtung eingesetzt, in Wissenschaft, Kunst, Diplomatie, Geschäftstüchtigkeit, hätte sie genügt, Erstaunliches zu erreichen. Aber Casanova zersprengt bewußt seine Talente in den Augenblick, und der alles werden könnte, zieht vor, nichts zu sein, nichts – aber frei. Ihn beglückt Freiheit, Ungebundenheit, das lockere Schweifen unendlich intensiver, als Hausung und Heimstatt in irgendeinem Beruf. »Der Gedanke, mich irgendwo festzusetzen, war mir immer widerwärtig, ein verständiger Lebenswandel vollkommen gegen die Natur.« Sein wahrer Beruf, so fühlt er, ist: keinen Beruf zu haben, alle Metiers und Wissenschaften nur locker auszuproben und dann zu tauschen wie der Schauspieler Gewand und Rolle. Wozu auch sich festlegen: er will ja nichts haben und behalten, nichts gelten und nichts besitzen, denn nicht ein Leben, sondern hunderte in dieser einen Existenz zu leben, verlangt seine ungestüme Leidenschaft. »Mein größter Schatz ist«, sagt er stolz, »daß ich mein eigener Herr bin und nicht Angst vor dem Unglück habe« – eine männliche Devise, die diesen Tapfern mehr adelt als sein abgeborgter Chevalierstitel de Seingalt. Er denkt nicht daran, was die andern über ihn denken, er saust über ihre moralischen Hürden mit bezaubernder Sorglosigkeit hinweg; nur im Schwung, im Getriebensein spürt er die eigene Daseinslust, nie im Ruhen und behaglichen Rasten, und dank dieses leichten und ludrigen Dahin über alle Hemmungen, aus seiner Flugperspektive kommen ihm darum alle die braven Menschen recht lächerlich vor, die sich warm eingesponnen haben in ihre eine und immer dieselbe Beschäftigung: weder die Kriegsherren imponieren ihm, schnauzbärtig ihren Säbel klirrend und doch einknickend vor dem Anschrei ihres Generals, noch die Gelehrten, diese Holzwürmer, die Papier, Papier, Papier fressen aus einem Buch ins andere hinein, noch die Geldmenschen, ängstlich sitzend auf ihren Geldsäcken und schlaflos vor ihren Truhen – ihn lockt kein Stand, kein Land, kein Gewand. Keine Frau kann ihn in ihren Armen, kein Herrscher in seinen Grenzpfählen, kein Beruf in seiner Langeweile halten: auch hier bricht er kühn alle Bleidächer durch, lieber sein Leben wagend als es versauernd, übermütig im Glück und gleichmütig im Unglück, immer und überall aber voll Mut und Zuversicht. Denn Mut, das ist der rechte Kern von Casanovas Lebenskunst, die Begabung seiner Begabungen: er sichert nicht, sondern er wagt sein Leben; hier wirft sich einmal inmitten der Vielen und Vorsichtigen einer auf, der wagt, der alles wagt, sich selbst und jede Chance und jede Gelegenheit. Das Schicksal aber gibt den Frechen mehr als den Fleißigen, den Groben lieber als den Geduldigen, und so mißt es diesem einen Maßlosen mehr zu als sonst einem ganzen Geschlecht; es packt und wirft ihn auf und nieder, rollt ihn durch die Länder, schnellt ihn nach oben und stellt ihm im schönsten Sprunge das Bein. Es füttert ihn mit Frauen und narrt ihn am Spieltisch, es kitzelt ihn mit Leidenschaften und prellt ihn mit Erfüllungen: nie aber läßt es ihn los und in Langeweile fallen, immer findet und erfindet das Unermüdliche diesem Unermüdlichen, seinem rechten und spielwilligen Partner, neue Wendung und Wagnis. Und so wird dieses Leben weit, farbig, vielfach, abwechslungsreich, phantastisch und bunt wie kaum eines in Jahrhunderten, und bloß, indem er es berichtet, wird er einer der unvergleichlichsten Dichter des Daseins, freilich nicht durch seinen Willen, sondern durch jenen des Lebens selbst.

Philosophie der Oberflächlichkeit

»Ich habe als Philosoph gelebt.«
Casanovas letzte Worte

Einer so breit ausströmenden Weite des Lebens entspricht freilich fast immer ein geringer seelischer Tiefgang. Um flink und behend wie Casanova auf allen Wassern tanzen zu können, muß man vor allem leicht sein wie Kork. Und so liegt, genau besehen, das Spezifikum seiner vielbewunderten Lebenskunst gar nicht in einer besonders positiven Tugend und Kraft, sondern vor allem in einem Negativum: in dem völligen Unbelastetsein von jeder ethischen und moralischen Hemmung. Weidet man dieses saftige, blutüberfüllte, leidenschaftstrotzende Stück Mensch psychologisch aus, so konstatiert man zunächst das restlose Fehlen aller sittlichen Organe. Herz, Lunge, Leben, Blut, Gehirn, Muskeln und nicht zum mindesten die Samenstränge, all das ist bei Casanova auf das kräftigste und normalste entwickelt, nur dort, an jenem seelischen Punkt, wo sich sonst sittliche Eigenheiten und Überzeugungen zum geheimnisvollen Gebilde des Charakters verdichten, überrascht einen bei Casanova ein vollkommenes Vakuum, ein luftleerer Raum, Null, nichts. Mit allen Säuren und Laugen, mit Lanzetten und Mikroskopen vermag man in diesem sonst erzgesunden Organismus nicht einmal ein Rudiment jener Substanz nachzuweisen, die man Gewissen nennt. Und damit erklärt sich das ganze Geheimnis von Casanovas Leichtigkeit und Genie: er hat, der Glückliche, nur Sinnlichkeit und keine Seele. Nichts von dem, was anderen Menschen heilig oder nur wichtig scheint, gilt ihm nur einen Skudo, Versucht, ihm moralische oder zeitliche Bindungen zu erklären – er wird sie ebensowenig verstehen wie ein Neger Metaphysik. Liebe zum Vaterland? – Er, der Weltbürger, der durch dreiundsiebzig Jahre kein eigenes Bett besitzt und immer nur im Zufall wohnt, er bläst auf Patriotismus. *Ubi bene, ibi patria,* wo er die Taschen am besten vollkriegt und die Weiber am leichtesten ins Bett, dort spreizt er behaglich die Beine unter den Tisch und fühlt sich zu Hause. Achtung vor Religion? – Er würde jede annehmen, sich beschneiden oder einen Chinesenzopf wachsen lassen, brächte ihm das Bekenntnis nur einen winzigen Happen Vorteil: denn wozu braucht einer Religion, der an kein Jenseits glaubt und nur an das warme, wilde, diesseitige Leben? »Dahinter gibt es wahrscheinlich nichts, oder man wird es schon zur rechten Zeit erfahren«, argumentiert er höchst uninteressiert und nonchalant – also strichweg mit allen metaphysischen Spinnweben! Carpe diem, genieße den Tag, fasse jeden Augenblick fest, saug ihn aus wie eine Traube und wirf die Treber vor die Säue – das ist seine einzige Maxime. Streng sich an die Sinnenwelt halten, an das Sichtbare, Erreichbare, jeder Minute mit Daumschrauben das Maximum an Süße und Wollust auspressen – so weit und nicht einen Zoll weiter treibt Casanova Philosophie, und deshalb kann er all die ethisch-bürgerlichen Bleikugeln, wie Ehre, Anstand, Pflicht, Scham und Treue, die den freien Auslauf ins Unmittelbare hindern, lachend hinter sich werfen. Denn Ehre? Was soll Casanova mit ihr anfangen? Er wertet sie nicht viel anders als der feiste Falstaff, der das Unzweifelhafte feststellt, man könne sie nicht essen und trinken, und als jener wackere englische Parlamentsmann, der einmal in voller Sitzung die Frage stellte, er höre immer vom Nachruhm sprechen, und er möchte doch endlich einmal wissen, was die Nachwelt schon für Englands Wohlstand und Wohlbehagen getan. Ehre läßt sich nicht genießen, sondern hemmt durch Pflichten und Verpflichtungen sogar noch den Genuß, ergo erweist sie sich als überflüssig. Denn nichts auf Erden haßt Casanova dermaßen wie Pflicht und Verpflichtung. Er erkennt keine anderen Pflichten an und will keine anderen kennen als die einzig bequem-

Messer Grande läßt Casanova verfolgen und verhaften

Casanova erinnert sich seines Abenteuerchens mit Giselda (Daniela Gatti) ▷

natürliche, seinen braven, krafttätigen Leib mit Genuß zu füttern und den Frauen möglichst viel von dem gleichen Lustelixier zu spenden. Deshalb fragt er durchaus nicht, ob sein heißes Stück Dasein den anderen gut oder böse, süß oder sauer schmeckt, ob sie sein Verhalten als ehrlos oder schamlos ankreiden. Denn Scham – welch sonderbares Wort wiederum, welch unbegreifbarer Begriff! Diese Vokabel fehlt vollkommen in seinem Lebenslexikon. Mit der Nonchalance eines Lazzaroni läßt er sich vor versammeltem Publico munter die Hosen herunter, zeigt, lachend bis in die Augen hinauf, seine Sexualia, plaudert mit vollem Munde gemütlich aus, was ein anderer auch auf der Folter nicht zugeben würde, seine Gaunereien, seine Versager, seine Blamagen, seine geschlechtlichen Havarien und syphilitischen Kuren, weil ihm jedweder Nerv für ethische Unterschiede, jedes Organ für sittliche Komplexe vollkommen fehlt. Würde man ihm vorwerfen, falsch gespielt zu haben, er antwortete nur erstaunt: »Ja, ich habe doch damals kein Geld gehabt!« Würde man ihn beschuldigen, eine Frau verführt zu haben, er lachte bloß: »Ich habe sie doch gut bedient!« Nicht mit einem Wort fällt ihm jemals bei, sich zu entschuldigen, wackeren Bürgern die Ersparnisse aus der Tasche magnetisiert zu haben, im Gegenteil, er unterpolstert in den Memoiren noch seine Gaunereien mit dem zynischen Argument: »Man rächt die Vernunft, wenn man einen Dummkopf betrügt.« Er verteidigt sich nicht, er bereut nichts und nie, und statt am Aschermittwoch über sein verpfuschtes Leben zu klagen, das mit völligem Bankbruch in erbärmlichster Armut und Abhängigkeit endet, schreibt der alte zahnlose Dachs die frech-entzückenden Zeilen: »Ich würde mich für schuldig halten, wenn ich heute reich wäre. Aber ich habe nichts, ich habe alles verschwendet, das tröstet und rechtfertigt mich.«

In eine Nußschale also geht die ganze Philosophie Casanovas bequem hinein, sie beginnt und endet mit der Vorschrift: ganz diesseitig leben, unbekümmert und spontan, sich nicht prellen lassen durch Aussichten auf ein allenfalls mögliches, doch höchst ungewisses Himmelreich. Irgendein sonderbarer Gott hat uns diesen Spieltisch Welt aufgestellt; wollen wir uns dort amüsieren, so müssen wir die Spielregeln akzeptieren, tel quel, ganz wie sie eben sind, ohne nach richtig oder falsch zu fragen. Und tatsächlich: nicht eine Sekunde seiner Zeit hat jemals Casanova mit dem theoretischen Nachdenken über das Problem verloren, diese Welt könnte oder sollte eigentlich anders sein. »Lieben Sie die Menschheit, aber lieben Sie sie so, wie sie ist«, sagt er im Gespräch zu Voltaire. Nur sich nicht einmengen in das fremde Geschäft des Weltschöpfers, der für diese sonderbare Angelegenheit die volle Verantwortung hat, nur nicht den alten Sauerteig aufrühren und sich damit die Hände beschmutzen, sondern viel einfacher: die Rosinen mit flinken Fingern herausklauben. Daß es den Dummköpfen schlecht geht, findet Casanova ganz in der Ordnung, den Klugen wiederum hilft zwar nicht Gott, aber es liegt nur an ihnen, sich selber zu helfen. Ist die Welt schon einmal so vertrackt eingestellt, daß die einen seidenbestrumpft in Karossen fahren und den andern unter ihren zerlumpten Fetzen der Magen kracht, je nun, dann kann für den Vernünftigen nur eine Aufgabe gelten: selber in die Karosse zu kommen.

Niemals wird er Entrüstung trommeln oder wie weiland Hiob an Gott unziemliche Fragen stellen nach dem Warum und Wieso: jedes Faktum nimmt er – ungeheure Ökonomie des Gefühls! – einfach als faktisch, ohne ihm den Zettel Gut oder Böse anzukleben. Daß die O'Morphi, ein kleines holländisches Dreckmensch von fünfzehn Jahren, heute noch verlaust in ihrem Bett liegt, freudigst bereit, ihre Jungfräulichkeit für zwei kleine Taler zu verkaufen, und dieselbe vierzehn Tage später als Mätresse des allerchristlichsten Königs ihr Palais im Hirschpark hat, übersät mit Edelsteinen und bald Gemahlin eines gefälligen Barons, oder daß er selbst, gestern noch erbärmlicher Geigenspieler in einer venezianischen Vorstadt, am nächsten Morgen Stiefsohn eines Patriziers wird, Diamanten an den Fingern und ein reicher Jüngling, solche Dinge verzeichnet er als Kuriosa, ohne sich darüber aufzuregen. Mein Gott, so ist eben die Welt, völlig ungerecht und unberechenbar, und eben, weil sie ewig so sein wird, versuche man nicht, irgendein Gravitationsgesetz oder einen komplizierten Mechanismus für diese Rutschbahn zu konstruieren. Man kratze sich mit Nägeln und Fäusten das Beste heraus, *voilà toute la sagesse,* man sei bloß Philosoph für sich selbst, nicht für die Menschheit, und das heißt in Casanovas Sinn: stark, gierig, unbedenklich und ohne Rücksicht auf die nächste Stunde im Wellenspiel rasch die strömende Sekunde fassen und sie ausschöpfen bis zum letzten Rest. Nur was

Dîner bei Madame d'Urfé

atmet, Lust mit Lust erwidert, was an die heiße Haut, mit Leidenschaft und Liebkosung antwortend, andrängt, nur dies dünkt diesem entschlossenen Antimetaphysikus wirklich real und interessant.

So reduziert sich Casanovas Weltneugier einzig auf das Organische, auf den Menschen: keinen Blick hat er vielleicht zeitlebens sinnend emporgehoben zum Sternengewölbe, und schon die Natur bleibt ihm völlig indifferent: nie kann dieses eilfertige Herz an ihrer Ruhe und Grandiosität sich entzünden. Man blättere doch einmal die sechzehn Bände seiner Memoiren durch: da reist ein helläugiger, wachsinniger Mensch durch die schönsten Landschaften Europas, vom Posilip bis Toledo, vom Genfersee bis in die russischen Steppen, aber vergeblich wird man eine einzige Zeile der Bewunderung für die Schönheit dieser tausend Landschaften suchen: eine kleine schmutzige Magd im Winkel einer Soldatenspelunke scheint ihm wichtiger als alle Kunstwerke Michelangelos, ein Kartenspiel in schlecht gelüfteter Wirtsstube schöner als ein sorrentinischer Sonnenuntergang. Natur und Architektur, derlei bemerkt Casanova überhaupt nicht, weil ihm das Organ, dank dessen wir kosmisch verbunden sind, weil ihm die Seele vollkommen fehlt. Für ihn heißen Welt einzig die Städte mit ihren Galerien und Promenaden, wo abends die Karossen vorbeirollen, diese dunkelschaukelnden Nester der schönen Frauen, wo Kaffeehäuser gefällig warten, in denen man eine Pharobank zum Schaden der Neugierigen auflegen kann, wo Opern und Bordelle locken, in denen man sich rasch neues Nachtfleisch holt, Gasthöfe, in denen Köche in Saucen und Ragouts dichten und mit hellen und dunklen Weinen musizieren. Nur die Städte sind für diesen Lustmenschen Welt, dort wohnen die Frauen in der einzig ihm möglichen Form, in der Vielzahl, in wandelhaftem Plural,

Im Hause von Madame d'Urfé erzählt Casanova seine Flucht aus den Bleikammern

und innerhalb der Städte wiederum liebt er am meisten die Hofsphäre, den Luxus, weil dort das Wollüstige sich zum Künstlerischen sublimiert, denn, obzwar sinnlich wie nur einer, ist dieser breitbrüstige Bursche Casanova keineswegs ein grober Sinnenmensch. Eine Arie, kunstvoll gesungen, kann ihn bezaubern, ein Gedicht ihn beglücken, ein kultiviertes Gespräch wärmt erst richtig den Wein; mit klugen Männern über ein Buch zu reden, schwärmerisch an eine Frau gelehnt, vom Dunkel einer Loge her Musik zu lauschen, das steigert ihm zauberisch die Daseinslust. Aber täuschen wir uns darum nicht: diese Liebe zur Kunst reicht bei Casanova nie über das Spielhafte, die gefällige Dilettantenfreude hinaus. Der Geist muß für ihn dem Leben dienen, nie das Leben dem Geist: so achtet und betrachtet er die Kunst nur als Aphrodisiakum, als schmeichlerisches Mittel, die Sinne zu erregen, als feineres Vorvergnügen des groben Genusses im Fleische. Er wird gern ein Gedichtchen machen, um es mit einem Strumpfband einer begehrten Dame zu überreichen, er wird Ariost rezitieren, um sie in Feuer zu versetzen, über Voltaire und Montesquieu sehr geistreich mit Kavalieren plaudern, um sich intellektuell zu legitimieren und einen Handstreich auf ihre Börse geschickt zu maskieren – nie aber begreift dieser südländische Sensualist die Kunst, die Wissenschaft, sobald sie Selbstzweck und Weltsinn werden will. Aus Instinkt lehnt dieser Spielmensch die Tiefe ab, weil er nur Oberfläche will, Mensch der Minute und der raschen Verhandlung. Veränderung ist ihm das ›Salz des Vergnügens‹ und Vergnügen wiederum der einzige Sinn der Welt.

Madame d'Urfé hört zu ▷

Leicht also wie eine Eintagsfliege, leer wie eine Seifenblase und nur funkelnd vom Gegenlicht der Geschehnisse, so flirrt er hin durch die Zeit: kaum kann man sie jemals recht fassen und halten, diese unablässig sich ändernde Seelengestalt und noch weniger ihren Kern vom Charakter auslösen. Wie ist Casanova eigentlich, gut oder böse? Ehrlich oder verlogen, ein Held oder ein Lump? Nun – ganz, wie es die Stunde will: er färbt ab von den Umständen, er verwandelt sich mit den Verwandlungen. Gut bei Kasse, findet man keinen vornehmeren Kavalier als ihn. Mit bezauberndem Übermut, einer strahlenden Grandezza, liebenswürdig wie ein hoher Prälat und locker wie ein Page wirft er das Geld mit vollen Händen um sich – »Sparsamkeit war nie meine Sache« – lädt überschwenglich, gleich einem hochgeborenen Gönner, den Fremdesten an seinen Tisch, schenkt ihm Dosen und Dukatenrollen, gewährt ihm Kredit und umsprüht ihn mit einem Feuerwerk von Geist. Schlottern aber die seidenen Pludertaschen leer, knistern im Portefeuille die unbezahlten Wechsel, dann würde ich jedem abraten, dem Galantuomo beim Kartenspiel Paroli zu halten. Nein, er ist kein guter Charakter und ist auch kein schlechter – er ist gar keiner. Er handelt weder moralisch noch unmoralisch, sondern naturhaft amoralisch: seine Entschließungen springen glattweg aus dem Gelenk, seine Reflexe aus den Nerven und Adern, völlig unbeeinflußt von Vernunft, Logik und Sittlichkeit. Eine Frau wittern, und die Ader hämmert schon wie toll, blindwütig rennt er vorwärts in der Richtung seines Temperaments. Einen Spieltisch sehen, und die Hand zuckt ihm in die Tasche: ohne daß er es weiß und will, klirrt sein Geld schon auf dem Tisch. Versetzt ihn in Zorn, und die Venen springen auf, als wollten sie platzen, bitterer Speichel gerinnt ihm im Mund, die Augen rollen ihr Rot heraus, die Faust krampft sich, und er schlägt blindwütig zu, er stößt in die Richtung seines Zorns, ›come un bue‹, wie sein Landsmann und Bruder Benvenuto Cellini sagt, ein tollwütiger Stier. »Zur Selbstüberwindung bin ich nie imstande gewesen und werde es niemals sein.« Er denkt nicht nach und denkt nicht voraus; erst in der Not schießen ihm listige und oft geniale Eingebungen rettend zu, nie aber bereitet er planend, berechnend – dazu wäre er zu ungeduldig – auch nur die kleinste Aktion vor. Hundertmal kann man's in seinen Memoiren bestätigt finden, daß alle entscheidenden Handlungen, die dümmsten Possenstreiche wie die witzigsten Gaunereien, aus der gleichen Schußlinie einer plötzlich explodierenden Laune stammen, nie aus geistigem Kalkul. Mit einem Ruck wirft er eines Tages den Rock des Abbé ab, mit einem Spornstoß reitet er plötzlich als Soldat zur feindlichen Armee hinüber und gibt sich gefangen, er fährt nach Rußland oder Spanien einfach der Nase nach, ohne Stellung, ohne Empfehlung, ohne sich selbst gefragt zu haben, warum und wozu. Alle seine Entschlüsse kommen wie ungewollt losgeknallte Pistolenschüsse aus den Nerven, aus der Laune, aus einer angespannten Langeweile. Und wahrscheinlich dankt er nur dieser couragierten Planlosigkeit die Fülle des Erlebens, denn *more logico*, brav sich erkundigend und kalkulierend, wird man nicht Abenteurer und mit strategischem System kein so phantastischer Meister des Lebens.

Nichts fehlgängerischer darum als die sonderbare Mühe aller Dichter, unserm Casanova, sobald sie diesen heißen Triebmenschen als Helden einer Komödie oder Erzählung heranholen, so etwas wie eine wache Seele, ein Nachdenkliches oder gar Faustisch-Mephistophelisches einzubauen, ihm, dessen Reiz und Schwungkraft doch einzig aus dem Nichtnachdenken, der amoralischen Sorglosigkeit resultiert. Preßt ihm nur drei Tropfen Sentimentalität ins Blut, belastet ihn mit Wissen und Verantwortlichkeit, und schon ist er Casanova nicht mehr; kostümiert ihn düster-interessant, unterkellert ihn mit Gewissen, und schon steckt er in fremder Haut. Denn wenn etwas, so ist dieses lockere Weltkind nicht dämonisch, durchaus nicht: der einzige Dämon, der Casanova treibt, hat einen sehr bürgerlichen Namen und ein dickes, schwammiges Gesicht, er heißt höchst simpel: Langeweile. Unproduktiv von innen, muß er ohne Unterlaß Lebensmaterial heranraffen, aber dies sein unaufhörliches Alleshabenwollen liegt meilenweit ab vom Dämonischen des wirklichen Raffmenschen, eines Napoleon, der Land und Land und Königreich und Königreich begehrt aus Durst nach Unendlichkeit, oder eines Don Juan, der alle Frauen zu verführen sich gepeitscht fühlt, um die Welt der Frau, diese andere Unendlichkeit, als Alleinherrscher sein eigen zu wissen – der bloße Genußmensch Casanova sucht niemals so bergsteigerische Superlative, sondern nur die Kontinuität des Vergnügens. Nur nicht allein sein, nicht in diesem Frost von Leere einsam schauern, nur keine Einsamkeit! Man beobachte doch nur

Casanova, wenn ihm das Spielzeug Unterhaltung fehlt, jede Art Ruhe wird dann sofort zur fürchterlichsten Unruhe. Er kommt abends in eine fremde Stadt: nicht eine Stunde hält es ihn in seinem Zimmer allein mit sich selbst oder einem Buch. Sofort schnuppert er nach allen Seiten, ob ihm nicht der Wind des Zufalls Amüsement bringt, die Magd allenfalls als Wärmflasche dienen könnte für die Nacht. Er wird unten in der Wirtsstube mit zufälligen Gästen zu plaudern beginnen, verdächtigen Falschspielern in jeder Spelunke Paroli halten, mit der erbärmlichsten Hure nächtigen, überall drängt ihn übermächtig die innere Leere dem Lebendigen, den Menschen zu, denn nur die Reibung mit andern entzündet seine Vitalität; mit sich selbst allein ist er wahrscheinlich einer der trübseligsten, gelangweiltesten Gesellen: man merkt es an seinen Schriften (mit Ausnahme der Memoiren) und weiß es von den einsamen Jahren in Dux, wo er die Langeweile »die Hölle« nannte, »die Dante zu schildern vergessen«. Wie ein Kreisel unablässig gepeitscht werden muß, sonst kollert er jämmerlich zu Boden, so braucht Casanova für seinen Schwung den spornenden Antrieb von außen: er ist (wie unzählig viele) Abenteurer aus Armut an produktiver Kraft.

Darum wird er immer, kaum daß die natürliche Spannung des Lebens aussetzt, die künstliche einschalten: das Spiel. Denn das Spiel wiederholt in genialer Verkürzung die Lebensspannung, es schafft künstliche Gefahr und Abbreviatur des Schicksals: Asyl darum aller Augenblicksmenschen, ewige Unterhaltung aller Müßigen. Dank dem Spiel läßt sich gleichsam im Wasserglas Ebbe und Flut des Gefühls stürmisch erregen und wird so unersetzbare Beschäftigung der innerlich Unbeschäftigten. Casanova ist ihm verfallen wie keiner. Sowenig er eine Frau sehen kann, ohne sie zu begehren, vermag er Geld auf einem Spieltisch umrollen sehen, ohne daß ihm die Finger aus der Tasche zuckten; und selbst, wenn er im Bankhalter einen notorischen Plünderer erkennt, einen Kollegen im Falschspiel, so wagt er, obwohl er ihn verloren weiß, seinen letzten Dukaten. Nichts zeigt seine Spielversessenheit, seine maßlose, haltlose Hasardwütigkeit offensichtlicher, als daß er, obzwar selbst Plünderer, immer wieder sich plündern läßt, weil er auch der übelsten Chance nicht widerstehen kann. Nicht einmal, sondern zwanzig-, hundertmal verliert er die Beute mühsamer Prellerei an die immer neu herausgeforderte Chance des Kartenfalls. Aber gerade dies stempelt ihn ja zum wahrhaften und urtümlichen Spieler, daß er nicht spielt, um zu gewinnen (wie langweilig wäre das), sondern um zu spielen. Niemals sucht er die endgültige Entspannung, sondern dauerndes Gespanntsein, das ewige Abenteuer in der Abbreviatur von Schwarz und Rot, Karo und As, das zuckende Auf und Ab, in dem er erst seine Nerven spürt und seine Leidenschaft als strömend empfindet – wie Systole und Diastole, wie Aus- und Einatmen des feurigen Weltstoffs braucht er diese funkelnde Gegensätzlichkeit von Gewinst und Verlust am Spieltisch, das Erobern und Wegwerfen der Frauen, den Kontrast von Armsein und Reichsein, das ins Unendliche verlängerte Abenteuer. Und da selbst ein so kinohaft buntes Leben noch Intervalle hat an Plötzlichkeiten, Überraschungen und Wetterstürzen, füllt er diese leeren Pausen mit der künstlichen Spannung des Kartenfatums, und erst dank seiner tollwütigen Hasardwürfe erreicht er die plötzlichen Kurven von oben nach unten, diese schmetternden Niederstürze ins Nichts: heute noch die Taschen voll Gold, *grand seigneur,* zwei Diener hinter der Karosse, und morgen die Diamanten rasch einem Juden verkauft und die Hosen – kein Scherz dies, man hat die Quittung gefunden! – im Leihhaus in Zürich versetzt. Aber genau so und nicht anders will ja dieser Erzabenteurer sein Leben – weit auseinandergefetzt von diesen plötzlichen Explosionen des Glücks und der Verzweiflung: um ihretwillen wirft er immer wieder sein ganzes vehementes Wesen als letzten und einzigen Einsatz dem Schicksal hin. Zehnmal steht er im Duell einen Zoll breit vor dem Tod, dutzendmal vor dem Zuchthaus oder der Galeere, Millionen strömen ihm zu und wieder fort, und er biegt nicht einmal die Hand, einen Tropfen zu halten. Aber gerade weil er immer sich hingibt und immer ganz an jedes Spiel, jede Frau, jeden Augenblick, jedes Abenteuer, gerade darum gewinnt, der als erbärmlicher Bettler in fremdem Ausgedinge stirbt, schließlich das Höchste: unendliche Fülle des Lebens.

Marcolina in den Gemächern von Madame d'Urfé

Homo Eroticus

»Verführt' ich jemals? Nein, ich war zur Stelle,
wenn just mit holder Zauberei Natur
ihr Werk begonnen, auch verließ ich keine,
denn ewig jeder dankbar blieb mein Herz.«
Arthur Schnitzler, Casanova in Spa

Er dilettiert recht und meist schlecht in allen Künsten, schreibt stolperige Verse und narkotische Philosopheme, er kratzt mittelmäßig die Geige und konversiert bestenfalls wie ein Enzyklopädist. Trefflicher schon versteht er jene Spiele, die der Teufel erfunden und so da sind: Pharo, Karten, Biribi, Würfel, Domino, Bauernfängerei, Alchimie und Diplomatie. Aber als Magier und Meister exzelliert Casanova einzig im Liebesspiel. Hier binden sich in schöpferischer Chemie seine hundert verpfuschten und stückhaften Talente zum reinen Element des vollkommenen Erotikers, hier und nur hier hat dieser zweideutige Dilettant unwidersprechlich Genie. Sein Körper schon scheint sichtlich dem Dienst der Cythere zugeschaffen. Ausnahmsweise verschwenderisch, mit voller Faust hat die sonst sparsame Natur in den Tiegel gegriffen, um alles an Saft, Sinnlichkeit, Kraft und Schönheit zusammenzuraffen, damit den Frauen zur Freude wieder einmal ein rechter Mann entstehe, ein *mâle,* ein Mannskerl oder Männchen, ganz wie man's übersetzen will, ein vollwichtiges und doch federndes, ein hartes und doch heißes Exemplar dieses guten Geschlechts. Denn man geht fehl, Casanova, den Eroberer, physisch nach unserem schlankschmalen, modischen Schönheitstypus zu denken: dieser *bel uomo* ist kein Ephebe, durchaus

Sinnierender Casanova

nicht, sondern ein rechter Mannshengst mit Schultern des Farnesischen Herkules, Muskeln eines römischen Ringers, der braunen Schönheit eines Zigeunerburschen, der Stoßkraft und Frechheit eines Kondottiere und der Brünstigkeit eines wirrhaarigen Waldgotts. Metall sein Körper, strotzend von Überschuß und Kraft: viermalige Syphilis, zwei Vergiftungen, ein Dutzend Degenstiche, die grau-gräßlichen Jahre unter den Bleidächern und in stinkenden spanischen Kerkern, die plötzlichen Reisen von sizilianischer Hitze in moskowitischen Frost erschüttern keinen Zoll seiner phallischen Bereitschaft und Kraft. Wo immer und wann immer, es genügt der Funke eines Blicks, der physische Fernkontakt weiblicher Nähe, und schon flammt und funktioniert diese unbesiegbare Sexualitas. Ein ganzes emsiges Vierteljahrhundert bewährt er den sagenhaften Messer sempre pronto, den Herrn Allzeitbereit der italienischen Schwänke, lehrt unermüdlich die Frauen höhere Mathematik als die wackersten ihrer Liebhaber, und das ärgerliche Fiasko im Bett (dem Stendhal in seinem Traktat ›l'Amour‹ die Wichtigkeit eines eigenen Kapitels zumißt) kennt er bis zum vierzigsten Jahre nur vom Hörensagen und Gerücht. Ein Körper, der nie ermattet, wenn die Begierde ihn aufruft, eine Begierde wiederum, die nie aussetzt, die wachnervig allem Weiblichen auflauert, eine Leidenschaft, die trotz wütigster Verschwendung nicht armt, ein Spieltrieb, der keinen Einsatz scheut – tatsächlich, selten hat die Natur einem Meister ein derart vollsaitiges Körperinstrument, eine solche ›viola d'amore‹ zum Spiel für ein ganzes Leben anvertraut.

Aber Meisterschaft fordert zur rechten Bewährung noch besonderes Unterpfand: die völlige Hingabe, die restlose Konzentration. Nur der Monogam eines Triebs erreicht das Maximum in der Leidenschaft, nur völlige Zusammengefaßtheit in eine Richtung schafft vollendete Leistung; wie dem Musiker Musik, dem Dichter Gestaltung, dem Geizigen Geld, dem Sportwütigen Rekord, muß einem vollgültigen Erotiker die Frau, ihre Umwerbung, Begehrung und Besitz zum wichtigsten, nein zum einzigen Weltgut werden. Wegen der ewigen Eifersucht aller Leidenschaften widereinander darf er nur dieser einen und einzigen unter allen Passionen sich hingeben, einzig in ihr und in ihr allein Sinn und Unendlichkeit der Welt erfassen. Casanova, der ewig Untreue, bleibt sich treu in der Weibsleidenschaft. Bietet ihm den Dogenring von Venedig, die Schätze der Fuggers, Adelsbrief, Haus und Bestallung, Feldherrn- und Dichterruhm, er wird mit lockerer Hand diesen Firlefanz, diese dummen Wertlosigkeiten wegwerfen für den Duft einer neuen Haut, den unersetzbar süßen Anblick und Augenblick nachgiebigen Gewährens. Alle Verheißungen der Welt, Ehre, Amt und Würde, Zeit, bläst er weg wie Pfeifenrauch für ein Abenteuer, ja mehr noch, sogar für die bloße Möglichkeit eines Abenteuers. Denn dieser erotische Spielmensch braucht gar kein Verliebtsein für sein Begehren; schon die Ahnung, die knisternde, noch nicht faßbare Nähe eines Abenteuers, hitzt seine Phantasie. Von Hunderten bloß ein Beispiel: die Episode gleich zu Anfang des zweiten Bandes, wo Casanova in wichtigster Angelegenheit mit Eilpost nach Neapel reist. Da sieht er unterwegs in einem Gasthaus in einem Nachbarzimmer, in einem fremden Bett, bei dem ungarischen Hauptmann eine schöne Frau – nein, toller noch, er weiß ja damals noch nicht, ob sie schön ist, denn er hat die unter der Bettdecke Verborgene gar nicht gesehen. Er hat nur ein junges Lachen gehört, Lachen einer Frau, und schon beben ihm die Nüstern. Nichts weiß er von ihr, nicht, ob sie verlockend ist, ob schön oder häßlich, jung oder alt, willig oder abwehrend, frei oder schon gebunden, und doch, sofort wirft er mit dem Felleisen alle Pläne unter den Tisch, läßt die schon bereiten Pferde ausspannen und bleibt in Parma, nur weil ihn, den immer spiellüsternen Hasardeur, schon diese winzige und ganz ungestaltete Chance eines Abenteuers toll macht. So scheinbar sinnlos und so weise in seinem eigensten, natürlichsten Sinn handelt Casanova jederzeit und jeden Orts. Für eine Stunde mit einer unbekannten Frau wird er Tag oder Nacht, morgens oder abends unfehlbar zu jeder Torheit bereit sein. Wo er begehrt, schreckt ihn kein Preis, wo er erobern will, kein Widerstand. Um eine Frau wiederzusehen, jene deutsche Bürgermeisterin, die ihm anscheinend nicht besonders wichtig ist und von der er gar nicht weiß, ob sie ihn wird beglücken können, geht er mit frecher Stirn ungeladen und bewußt unerwünscht in Köln in eine fremde Gesellschaft, muß mit verbissenen Zähnen sich vom Gastgeber abkanzeln, von den anderen verlachen lassen; aber was fühlt, wenn er brünstig ist, der Hengst von den Prügeln, die auf ihn niederprasseln? Hungernd und frierend zwischen Ratten und Ungeziefer wird Casanova eine Nacht im eiskalten Kellerraum gern erdulden, winkt nur im Morgengrauen eine durchaus nicht bequeme Schäferstunde, er riskiert dutzendmal Degenstiche, Pistolenschüsse, Beschimpfungen, Erpressungen, Krankheiten, Erniedrigungen – und zwar nicht, was schon immerhin begreiflicher wäre, für eine Anadyomene, für eine einzig und wahrhaft Geliebte, sondern für Frau Jedermann, für Frau Irgendwer, für jede gerade erreichbare Frau, nur weil sie Frau ist, Spezies von jenem andersartigen und für ihn so begehrlichen Geschlecht. Jeder Kuppler, jeder Zuhälter kann den weltberühmten Verführer auf das bequemste ausrauben, jeder zugängliche Gatte oder gefällige Bruder ihn in die schmutzigsten Geschäfte reiten, sofern nur seine Sinne gereizt sind – aber wann wären sie es nicht, wann Casanovas erotischer Durst jemals vollkommen gestillt? *Semper novarum rerum cupidus,* allzeit neuer Beute gierig, vibrieren seine Lüste unablässig einem Unbekannten entgegen. Wie Sauerstoff, Schlaf und Bewegung braucht dieser männische Leib unablässig sein weich wollüstiges Bettfutter und der unstete Sinn die flirrende Spannung des Abenteuers. Keinen Monat, keine Woche, kaum einen Tag, nirgends und niemals kann er sich wohlfühlen ohne Frauen. Enthaltsamkeit heißt, aus Casanovas Vokabular übersetzt, ganz einfach: Stumpfsinn und Langeweile.

Kein Wunder, daß bei so robustem Appetit und beharrlichem Konsum die Qualität seiner Weiblichkeit nicht durchgängig vollwertig bleibt. Mit solch einem Kamelmagen der Sinnlichkeit wird man nicht Feinschmecker, kein Gourmet, sondern simpler Vielfraß,

Du Bois (Daniel Emilfork)

bloßer Gourmand. Darum bedeutet, Casanovas Geliebte gewesen zu sein, an sich durchaus noch keine besondere Empfehlung, denn man muß weder Helena noch Jungfrau und keusch, noch sonderlich geistvoll, wohlerzogen und verlockend sein, damit der hohe Herr sich herablasse; dem Leichtverführbaren genügt meist die bloße Tatsache, daß sie Frau ist, Weib, Vagina, polares Geschlechtswesen, von der Natur geformt, ihm seine Sinnlichkeit abzufüllen. Deshalb beliebe man gründlich abzuräumen mit etwa vorhandenen romantischen oder ästhetischen Vorstellungen dieses weitläufigen Hirschparks; wie immer bei dem professionellen, also wahllosen Erotiker erweist sich die Kollektion Casanovas als durchaus ungleichwertig und, weiß Gott, nicht durchweg als eine Schönheitsgalerie. Einige Gestalten zwar, zarte, süße, halbwüchsige Mädchengesichter, möchte man gezeichnet wissen von seinen malerischen Landsleuten Guido Reni und Raffael, einige auch von Rubens gemalt oder von Boucher mit zartem Rötel auf seidene Fächer hingedeutet, aber daneben, welche Gestalten auch, englische Gassenhuren, deren freche Fratze nur der grimmige Stift Hogarths wiedergeben könnte, zerluderte alte Hexen, die Goyas Grimm herausgefordert hätten, verseuchte Dirnengesichter im Stil des Toulouse-Lautrec, Bauernmenschen und Dienstboten, ein tolles Kunterbunt von Schönheit und Schmutz, Geist und Gemeinheit. Denn dieser Panerotiker hat in der Wollust rüde Geschmacksnerven, und der Radius seiner Begierde dehnt sich bedenklich weit ins Absonderliche und Abwegige. Casanovas Abenteuer beginnen bei Altersklassen, die in unse-

Henriette (Tina Aumont), Casanovas große Liebe ▷

ren reglementierten Zeiten ihn schonungslos mit dem Staatsanwalt in Konflikt brächten, und reichen hinauf bis zum grausen Gerippe, bis zu jener siebzigjährigen Ruine, der Herzogin von Urfé – die schauerlichste Schäferstunde, die wohl jemals ein Mann im geschriebenen Wort der Nachwelt schamlos anvertraute. Durch alle Länder, durch alle Klassen wirbelt diese keineswegs klassische Walpurgisnacht; zarteste, reinste Gestalten, erglühend im Schauer erster Scham, vornehme Frauen, spitzenübersät und im Glanz ihrer Edelsteine, reichen dem Abhub der Bordelle, den Scheusalen der Matrosenschänken hastig die Hand zum Reigen, die zynische Bucklige, die perfide Hinkende, lasterhafte Kinder, brünstige Greisinnen, all das tritt sich die Füße im Hexentanz. Die Tante räumt der Nichte das noch warme Bett, die Mutter der Tochter, Kuppler schieben ihre Kinder, gefällige Ehemänner dem immer Begehrlichen die eigenen Frauen ins Haus, Soldatendirnen tauschen mit Edeldamen das gleiche geschwinde Vergnügen derselben Nacht – nein, man gewöhne sich's endlich ab, die Liebestaten Casanovas unbewußt in der Art der galanten Kupferstiche des Dixhuitième und mit anmutigen, amoureusen Appetitlichkeiten zu illustrieren – nein, und siebenmal nein, man habe doch endlich den Mut, hier einmal die wahllose Erotik als Pandämonium der männlichen Sinnlichkeit zu sehen. Eine so unerschöpflich wahllose Libido wie die Casanovas geht über Stock und Stein und vor allem an nichts vorbei; ihn lockt das Abstruse nicht minder als das Alltägliche, es gibt keine Anomalie, die ihn nicht hitzte, keine Absurdität, die ihn ernüchterte. Verlauste Betten, verschmutzte Wäsche, zweifelhafte Gerüche, Kameradschaft mit Zutreibern, die Gegenwart heimlicher oder bestellter Zuschauer, gemeine Ausbeutungen und die üblichen Krankheiten, all das sind unfühlsame Kleinigkeiten für diesen göttlichen Stier, der, ein anderer Jupiter, Europa umarmen will, die ganze Weibwelt in jeder Form und Entformung, in jeder Gestalt und in jedem Gerippe – maßlos neugierig ebenso auf das Phantastische wie auf das Natürliche in seiner panischen und fast schon manischen Lust. Aber typisch für das Männliche dieser Erotik: so ständig und stürmisch ihre Blutwelle strömt, niemals überflutet sie dabei das natürliche Bett. Brüsk hält Casanovas Instinkt an der Geschlechtsgrenze inne. Ekel schüttelt ihn bei der Berührung eines Kastraten, mit dem Stock prügelt er Lustknaben weg; alle seine Umwegigkeiten und Perversionen gelten in merkwürdiger Treue nur immer der Weibwelt als seiner vollkommenen und eingeborenen Sphäre. Hier aber freilich kennt sein Furor keine Grenze, keine Hemmung und keinen Halt, wahllos, zahllos und ohne Unterlaß strahlt diese Begierde jeder entgegen mit der ewig trunkenen, von jeder neuen Frau neu berauschten Lustkraft eines griechischen Waldgottes.

Gerade aber dieses Panische, dieses Rauschhafte und Naturhafte seines Begehrens gibt Casanova unerhörte Macht über die Frauen, eine Beinahe-Unwiderstehlichkeit. Mit jähem Instinkt vom Blute her spüren sie in ihm das Manntier, den brennenden, lodernden, ganz ihnen entgegengeschnellten Menschen, und sie lassen sich besitzen von ihm, weil er von ihnen vollkommen besessen ist, sie fallen ihm zu, weil er ihnen verfallen ist, und zwar nicht ihr, der einzelnen, sondern der Pluralität, der Frau in ihnen, dem Gegensatz, dem andern Pol. Hier ist endlich einer, so fühlen sie aus Intuition des Geschlechts, dem nichts wichtiger ist als wir, der nicht wie die andern, müde von Geschäften und Pflichten, verdrossen und ehemännisch, nur so zwischendurch und nebensächlich uns umwirbt, sondern einer, der uns entgegenstürzt mit der vollen, wildbachhaften Wucht seines Wesens, einer, der nicht spart, sondern verschwendet, der nicht zögert und wählt. Und wirklich, restlos weiß er sich hinzugeben: den letzten Tropfen Lust aus seinem Leibe, den letzten Dukaten aus der Tasche, alles wird er immer bereit sein, für eine jede, nur weil sie Frau ist und in diesem Augenblick seinen Weibsdurst stillt, unbedenklich hinzuopfern. Denn Frauen glücklich zu sehen, selig überrascht, entzückt, lachend und hingerissen, ist für Casanova Endgenuß alles Genießens. Er überhäuft, solange er noch Geld hat, eine jede mit zärtlich gewählten Geschenken, schmeichelt mit Luxus und Leichtsinn ihren Eitelkeiten, er liebt, sie üppig zu kleiden, in Spitzen zu hüllen, ehe er sie nackt enthüllt, sie zu überraschen mit nie gesehenen Kostbarkeiten, sie zu überraschen mit Sturzwellen der Verschwendung und Flammenspiel der Leidenschaft – wirklich ein Gott, ein schenkender Jupiter, der zugleich mit der Glut seiner Adern auch mit goldenem Regen die Geliebte überströmt. Und daß er, auch hierin Jupiter gleich, dann bald wieder in Wolken entschwindet – »ich habe die Frauen rasend geliebt, aber ich habe ihnen stets die Freiheit vorgezogen« – das mindert nicht, nein, erhöht nur seinen Nimbus, denn gerade durch das Gewitterhafte seines Einbruchs und Entschwindens bleibt ihnen Erinnerung an diesen Einen und Außergewöhnlichen, das unwiederholbare herrliche Abenteuer, und ernüchtert sich nicht wie bei andern zu Gewohnheit und banaler Beischläferei. Jede dieser Frauen fühlt instinktiv einen Mann wie diesen unmöglich als Gatten: nur als an den Liebhaber, den Gott einer Nacht, wird sie sich seiner im Blute erinnern. Obwohl er jede verläßt, wird keine ihn doch anders wollen, als er gewesen: darum braucht Casanova nur genau so zu sein, wie er ist, also ehrlich in seiner ungetreuen Leidenschaft, und er wird jede gewinnen.

Ich sagte eben: ehrlich, ein bei Casanova erstaunliches Wort. Aber es hilft nichts: gerade im Liebesspiel muß man diesem abgestraften Falschspieler und gerissenen Gauner eine Art Redlichkeit zuerkennen. Casanovas Beziehung zu den Frauen ist wirklich ehrlich, weil bloß bluthaft, bloß sinnlich. Beschämend, dies zu vermerken, aber immer beginnt ja die Unwahrhaftigkeit in der Liebe erst mit der Einmengung höherer Gefühle. Der dumpfe brave Bursche Körper selbst lügt nicht, er übertreibt niemals seine Überspannungen und Begehrlichkeiten über das naturgemäß Erreichbare hinaus. Erst wenn der Geist und das Gefühl sich einmengen, sie, die ihrem beflügelten Wesen gemäß ins Grenzlose führen, wird alle Leidenschaft übertreiblich und phantasiert Ewigkeiten in unsere irdischen Beziehungen hinein. Casanova, der nie über den Rand des Körperlichen hinaus schwelgt, hat es darum leicht, zu halten, was er verspricht, er gibt aus dem prachtvollen Magazin seiner Sinnlichkeit Lust gegen Lust, Leib gegen Leib, und gerät niemals in Seelenschuld. Darum fühlen sich auch seine Frauen post festum nicht in platonischen Erwartungen betrogen, denn gerade weil dieser scheinbar Frivole keine anderen Entzückungen als die Spasmen des Geschlechts von ihnen fordert, weil er sie nicht in Unendlichkeiten des Gefühls hinaufredet, wird er ihnen immer Ernüchterung ersparen. Es steht jedem frei, solche Art der Erotik niedere Liebe, bloß geschlechtliche, hauthafte, seelenlose und animalische zu nennen, aber man rüttle nicht an ihrer Redlichkeit. Denn handelt nicht wirklich dieser lockere Luftikus mit seinem offenen und kerzengeraden Habenwollen wahrhafter und wohltätiger an den Frauen als die romantischen Schwärmer? Während hinter Goethes und Byrons Lebensweg eine Unzahl Frauen als zerbrochene, verbogene, zerschellte Existenzen zurückbleiben, eben weil Naturen höherer und kosmischer Art in der Liebe unwillkürlich das Seelische einer Frau so ausweiten, daß sie dann, dieses feurigen Hauchs nicht mehr teilhaftig, ihre irdische Form nicht mehr finden, richtet die Zunderhitzigkeit Casanovas eigentlich herzlich wenig Seelenschaden an. Er schafft keine Niederbrüche, keine Verzweiflungen, er hat viele Frauen glücklich gemacht und keine hysterisch, alle kehren sie aus dem rein sinnlichen Abenteuer unbeschädigt in den Alltag zurück, entweder zu ihren Männern oder zu andern Geliebten. Er streift über sie alle nur wie ein tropischer Wind hinweg, daran sie aufblühen zu heißerer Sinnlichkeit. Er überglüht, aber versengt sie nicht, er erobert, ohne zu zerstören, er verführt, ohne zu verderben, und eben weil sich diese seine Erotik im festeren Gewebe der Epidermis abspielt und nicht im leichter zu beschädigenden der wirklichen Seele, zeitigen seine Eroberungen keine Katastrophen.

Seine Passion kennt als bloß erotische nicht die Ekstase der äußersten einmaligen Leidenschaft. Man beunruhige sich deshalb nicht, wenn er furchtbar verzweifelt tut, sobald Henriette oder die schöne Portugiesin ihn verläßt, er wird nicht zur Pistole greifen, und tatsächlich, zwei Tage später finden wir ihn schon bei einer andern oder in einem Bordell. Kann die Nonne C. C. nicht mehr von Murano ins Kasino kommen, und erscheint an ihrer Stelle die Klosterschwester M.M., so gelingt die Tröstung überraschend geschwind, jede eine ersetzt jede andere, und so hat man's nicht schwer, herauszufinden, daß er als echter Erotiker niemals vollkommen verliebt war in eine seiner vielen einzelnen Frauen, sondern in den ewigen Plural, in den unablässigen Wechsel, die Vielzahl der Abenteuer. Selbst glitscht ihm einmal das gefährliche Wort aus: »Schon damals fühlte ich dunkel, daß Liebe nur eine mehr oder weniger lebhafte Neugierde sei«, und diese Definition fasse man an, um ihn zu fassen, und breche das Wort Neugierde gut auseinander: Neu-Gierde, immer neue Gier nach immer Neuem, nach immer anderen Erfahrungen an immer anderen Frauen. Ihn reizt niemals das Individuum, sondern die Variante, die unablässig neue Kombination auf dem unerschöpflichen Schachbrett des Eros. Wie Einatmen und Ausatmen, so selbstverständlich und naturgemäß ist sein Nehmen und Lassen, und dies rein funktionelle Genießen erklärt,

Abendunterhaltung im Haus du Bois ▷

warum Casanova als Künstler eigentlich keine seiner tausend Frauen uns wahrhaft seelenplastisch macht: herzhaft gesagt, erregen alle seine Schilderungen den Verdacht, er habe allen seinen Geliebten gar nie recht ins Gesicht gesehen, sondern sie eben nur in *certo punto,* aus einer gewissen, höchst mittleren Perspektive betrachtet. Was ihn begeistert, ihn ›entflammt‹, sind nach echter Südländerart immer dieselben Dinge, die grobsinnlichen, bauerngewahrsamen, tastbar und in das Auge springenden Geschlechtsmomente des Weibes, immer und immer wieder (bis zum Überdruß) der ›Alabasterbusen‹, die ›göttlichen Halbkugeln‹, die ›junonische Gestalt‹, die immer wieder durch andern Zufall entblößten ›geheimsten Reize‹, genau dasselbe also, was einem geilen Gymnasiasten bei der Dienstmagd die Pupille kitzelt. So bleibt von den unzähligen Henrietten, Irenen, Babetten, Mariuccias, Ermelinen, Markolinen, Ignazias, Lucias, Esthers, Saras und Klaras (man müßte eigentlich den ganzen Kalender abschreiben!) nicht viel anderes zurück als ein fleischfarbenes Gelee warmer, wollüstiger Frauenkörper, ein bacchantisches Durcheinander von Ziffern und Zahlen, Leistungen und Begeisterungen – durchaus die Darstellungsart eines Berauschten am Morgen, der, schweren Kopfes aufwachend, nicht mehr weiß, was und wo und mit wem er nachtsüber getrunken. Er hat sie alle nur in der Haut genossen, in der Epidermis gefühlt, einzig im Fleische erkannt. Und so verrät uns deutsamer der präzise Maßstab der Kunst als das Leben selbst den ungeheuren Unterschied zwischen dem bloß Erotischen und dem wahrhaft Liebenden, zwischen dem, der alles gewinnt und nichts behält, und jenem, der weniges erringt, aber durch Seelenkraft dies Flüchtige zum Dauerhaften steigert. Ein einziges Erlebnis Stendhals, dieses im Faktischen ziemlich tristen Liebeshelden, sondert mehr seelische Substanz durch Sublimierung ab als hier dreitausend Nächte, und in welche ekstatische Zonen des Geistes der Eros emporzuführen vermag, davon geben alle sechzehn Bände Casanovas weniger Ahnung als ein vierstrophiges Goethegedicht. Im höheren Sinn betrachtet, sind darum Casanovas Memoiren mehr ein statistisches Referat als Roman, mehr Feldzugserlebnis als Dichtung, eine Odyssee der Wanderungen im Fleische, eine Ilias der ewigen Mannesbrunst nach der ewigen Helena. Ihr Wert beruht auf Quantität, nicht auf Qualität, sie werden wertvoll durch die Varianten und nicht den Einzelfall, nur durch Vielform, nicht aber durch seelische Bedeutsamkeit.

Eben aber um der Fülle dieser Erlebnisse willen hat unsere Welt, die fast immer nur den Rekord registriert und selten die Seelenkraft mißt, Giacomo Casanova zum Symbol des phallischen Triumphators erhoben und mit dem kostbarsten Kranze ihres Ruhms, der Sprichwörtlichkeit, gekrönt. Ein Casanova, das heißt heute zu deutsch und in allen europäischen Sprachen: Ritter Unwiderstehlich, Frauenvielfraß, Meisterverführer, und repräsentiert im männlichen Mythos genau was Helena, Phryne, Ninon de Lenclos im weiblichen. Immer muß ja die Menschheit, um aus ihren Millionen Eintagslarven den unsterblichen Typus zu schaffen, dem allgemeinen Fall die Abbreviatur eines einzelnen Gesichts zuweisen, und so gelangt dieser venezianische Schauspielersohn zur unvermuteten Ehre, als Inkarnation des Liebeshelden für alle Zeiten zu gelten. Freilich muß er dies beneidenswerte Postament noch mit einem zweiten und sogar legendarischen Gefährten teilen; neben ihm steht, edleren Geblüts, dunklerer Art und dämonischer in der Erscheinung, sein spanischer Rivale Don Juan. Oftmals ist der latente Kontrast zwischen diesen beiden Mannesmeistern der Verführung angedeutet worden, doch so wenig sich die geistige Antithese Lionardo–Michelangelo, Tolstoi–Dostojewski, Plato und Aristoteles jemals erschöpft, weil jedes Geschlecht sie typologisch wiederholt, so ergiebig bleibt diese Gegenüberstellung der beiden Urformen der Erotik. Denn obgleich sie beide in gleiche Richtung vorstoßen, beide Habichte der Weiber, immer neu einbrechend in ihre scheue oder selig erschreckte Schar, so weist sie doch der seelische Habitus vollkommen verschiedener Rasse zu. Don Juan ist Hidalgo, Edelmann, Spanier und selbst in der Revolte noch Katholik im Gefühl. Als *pursangre*-Spanier kreist sein ganzes Gefühlsdenken um den Begriff der Ehre, als mittelalterlicher Katholik gehorcht er unbewußt der kirchlichen Wertung aller Fleischlichkeit als ›Sünde‹. Außereheliche Liebe bedeutet (doppelt reizvoll darum), aus dieser transzendenten Perspektive der Christlichkeit gesehen, etwas Teuflisches, Gottwidriges und Verbotenes, und das Weib, die Frau, das Instrument dieser Sünde. Ihr Wesen, ihr Dasein selbst schon ist Verführung und Gefährdung, darum auch die scheinbar vollkommenste Tugend beim Weibe nur eben Schein, Täuschung und Larve der Schlange. Don Juan glaubt keiner aus diesem Teufelsgeschlecht ihre Reinheit und

Ein vergnügter Gast

Keuschheit, er weiß jede nackt unter ihren Kleidern, zugänglich der Verführung, und diese Hinfälligkeit des Weibes an *mille ê tre* Beispielen zu entlarven, sich, der Welt und Gott zu beweisen, daß alle diese unnahbaren Doñas, diese scheingetreuen Gattinnen, die schwärmerischen Halbkinder, die gottverschworenen Bräute Christi, alle ohne Ausnahme ins Bett zu kriegen sind, nur *anges à l'église* und *singes au lit,* Engel bloß in der Kirche, aber unfehlbar alle äffisch sinnlich im Bett – dies und nur dies peitscht diesen Weibswütigen unablässig zur jedesmal neu leidenschaftlich wiederholten Tat der Verführung.

Nichts Dümmeres daher, als Don Juan, den Erzfeind des weiblichen Geschlechts, als Amoroso, als Frauenfreund, als Liebhaber hinzustellen, denn niemals bewegt ihn je wahrhafte Liebe und Zuneigung zu einer von ihnen, sondern Urhaß der Männlichkeit treibt ihn dämonisch gegen das Weib. Sein Nehmen ist niemals ein Habenwollen für sich, immer nur ein Ihr-Wegnehmen-Wollen, ein Entreißen ihres Kostbarsten: der Ehre. Seine Lust springt nicht wie bei Casanova ab von den Samensträngen, sie stammt aus dem Gehirn, denn in jeder einzelnen will dieser seelische Sadist immer die ganze Weiblichkeit erniedrigen, beschämen und kränken; sein Genuß geschieht durchaus umwegig als ein phantastisches Vorausgenießen der Verzweiflung jeder geschändeten Frau, die er entehrt. Darum steigert sich der Jagdreiz (im Gegensatz zu Casanova, dem diejenige am besten taugt, die am raschesten aus ihren Kleidern fährt) für Don Juan am Maße der Schwierigkeit; je unnahbarer eine Frau, um so vollwertiger und beweiskräftiger für seine These dann der endgültige Triumph. Wo kein Widerstand, fehlt Don Juan jeder Antrieb: unmöglich, ihn sich wie Casanova in einem Bordell zu denken, ihn, den nur die diabolische Tat der Erniedrigung reizt, das In-die-Sünde-Stoßen, der einmalige und unwiederholte Akt des Ehebruchs oder der Nonnenentehrung. Hat er eine gehabt, so ist das Experiment erledigt, die Verführte nur mehr Ziffer und Zahl im Register, für das er sich tatsächlich eine Art eigenen Buchhalter anstellt, seinen Leporello. Nie denkt er daran, zärtlich die Geliebte der letzten, der einzigen Nacht noch ein einziges Mal anzublicken, denn sowenig wie der Jäger beim abgeschossenen Wild, wird dieser professionelle Verführer nach beendigtem Experiment bei seinem Opfer bleiben, er muß weiter und weiter, immer andere jagen, möglichst viele, denn sein Urtrieb – und dies erhebt seine luziferische Gestalt ins Dämonische – peitscht ihn unvollendbarer Mission und Leidenschaft zu, nämlich an allen Frauen und damit restlos seinen Weltbeweis von der Hinfälligkeit des Weibes zu führen. Eine Don-Juan-Erotik sucht und findet keine Ruhe und keinen Genuß; in einer Art Blutrache steht er als Mann ewig im Krieg gegen die Frau verschworen, und der Teufel hat ihm dafür die vollendetsten Waffen gegeben, Reichtum, Jugend, Adel, körperliche Anmut und das Wichtigste: vollkommene, eiskalte Fühllosigkeit.

Und tatsächlich denken die Frauen, sobald sie seiner kalten Technik verfallen sind, an Don Juan wie an den Teufel selbst, sie hassen mit aller Inbrunst ihrer gestrigen Liebe den betrügerischen Erzfeind, der am nächsten Morgen schon ihre Leidenschaft mit dem eiskalten Guß höhnischen Lachens überschüttet (Mozart hat es uns unsterblich gemacht). Sie schämen sich ihrer Schwäche, sie wüten, sie rasen, sie toben in ohnmächtigem Zorn gegen den Schurken, der sie belogen, betrogen, geprellt, und sie hassen in ihm das ganze männliche Geschlecht. Jede Frau, Doña Anna, Doña Elvira, sie alle die tausendunddrei, die seinem berechnenden Drängen nachgegeben, bleiben für immer seelisch vergiftet in ihrer Weiblichkeit. Die Frauen hingegen, die Casanova sich hingegeben haben, danken ihm wie einem Gott, denn nicht nur nichts genommen hat er ihnen von ihren Gefühlen, nicht gekränkt in ihrer Weiblichkeit, sondern sie beschenkt mit einer neuen Sicherheit ihres Daseins. Gerade das, was der spanische Satanist Don Juan sie als Teufelsaugenblick zu verachten zwingt, das glühende Leib-in-Leib, das lodernde Sich-sinken-Lassen, ebendas lehrt sie Casanova, der zärtliche Magister artium eroticarum, als den wahren Sinn, als die seligste Pflicht ihrer weibgeborenen Natur erkennen. Mit leichter und liebender Hand streift er gleichzeitig mit den Kleidern alle Verschüchterung, Verängstigung diesen Halbfrauen ab – sie werden erst ganz Frauen, sobald sie sich gegeben haben – er beglückt sie, indem er sich selber beglückt, er entschuldigt ihr Mitgenießen durch die eigene dankbare Ekstase. Denn jeder Genuß einer Frau wird Casanova erst vollkommen, sobald er ihn von seiner Partnerin in Nerv und Adern geteilt und mitempfunden weiß – »vier Fünftel des Genusses bestanden für mich immer darin, die Frauen glücklich zu machen« – er braucht Gegenlust für seine Lust wie ein anderer Gegenliebe für seine Liebe, und seine herkulischen Leistungen wollen nicht so sehr den eigenen Leib, sondern den der umfangenen Frau erschöpfen und entzücken. Nie lockt ihn wie seinen spanischen Widerpart das grobe und sportliche Gehabthaben, sondern einzig das Gegebenhaben. Deshalb wird jede Frau, die sich ihm hingegeben, mehr Frau, weil wissender, wollüstiger und hemmungsloser, und darum suchen sie auch sofort neue Gläubige dieses beglückenden Kults: die Schwester führt die jüngere zur linden Opferung an den Altar, die Mutter ihre Tochter dem zarten Lehrer zu, jede Geliebte drängt die andere in den Ritus und Reigen des schenkenden Gottes. Genau aus demselben unfehlbaren Instinkt der Weibschwesterschaft, mit dem jede von Don Juan Verführte die neu Umworbene (immer vergeblich!) als vor dem Feinde ihres Geschlechtes warnt, empfiehlt eifersuchtslos eine der andern Casanova als den rechten Vergöttlicher ihres Geschlechtes, und so, wie er über die einzelne Gestalt hinaus die Ganzheit des Weibes, lieben sie über ihn hinweg die Ganzheit des leidenschaftlichen Mannes und Meisters.

Casanova in London

Die Jahre im Dunkel

»Wie oft habe ich in meinem Leben etwas getan, was mir selber zuwider war und was ich nicht begriff. Aber ich wurde durch eine geheime Macht getrieben, der ich bewußt keinen Widerstand leistete.«

Casanova in den Memoiren

Gerechterweise dürfen wir es den Frauen gar nicht vorwerfen, so widerstandslos dem großen Verführer verfallen zu sein: geraten wir doch selbst jedesmal, wenn wir ihm begegnen, in Versuchung, seiner lockenden und lodernden Lebenskunst zu erliegen. Denn es ist für keinen Mann leicht, Casanovas Memoiren ohne rabiaten Neid zu lesen, und in manchen ungeduldig unbefriedigten Augenblicken dünkt uns dieses Abenteurers tolle Existenz, sein mit vollen Händen zupackendes Raffen und Genießen, sein das ganze Dasein wild ansaugendes Epikureertum weiser und wirklicher als unser ephemeres Schweifen im Geiste, seine Philosophie lebensfülliger als alle mürrischen Lehren Schopenhauers und die steinkalte Dogmatik Vater Kants. Denn wie arm scheint unsere festgerammte, nur durch Verzicht gefestigte Existenz in solchen Sekunden, der seinen verglichen! Wir haben Vorurteile und Nachurteile, wir schleifen Kettenkugeln des Gewissens klirrend hinter jedem Schritt, Gefangene unser selbst, und gehen darum mit schweren Füßen, indes dieses Leichtherz, dieser Leichtfuß alle Frauen faßt, alle Länder überfliegt und auf der sausenden Schaukel des Zufalls sich in alle Himmel und Höllen schnellt. Kein wirklicher Mann kann, er leugne es nicht, die Memoiren Casanovas lesen, ohne sich stümperhaft zu fühlen gegen den illustren Meister der Lebenskunst, und manchmal, nein, hundertmal wollte man lieber er sein als Goethe, Michelangelo oder Balzac. Lächelt man anfangs ein wenig kühl über die Schöngeistereien und breiten Radamontaden dieses philosophisch verkleideten Filous, so ist man im sechsten, im zehnten, im zwölften Bande schon geneigt, ihn für den weisesten Menschen und seine Philosophie der Oberflächlichkeit für die klügste und bezauberndste aller Lehren zu halten.

Aber glücklicherweise bekehrt uns Casanova selbst von dieser vorzeitigen Bewunderung. Denn sein Re-

Londoner Jahrmarkt

gister der Lebenskunst hat ein gefährliches Loch: er hat das Altern vergessen. Eine epikureische Genießertechnik wie die seine, einzig dem Sinnlichen zudrängend, ist ausschließlich auf junge Sinne, auf Saft und Kraft des Körpers aufgebaut. Und sobald die Flamme nicht mehr so munter im Blute brennt, verdämpft sofort und erkaltet die ganze Philosophie des Genusses zu einem flauen, ungenießbaren Brei: nur mit frischen Muskeln, mit festen, weißblanken Zähnen kann man sich dermaßen des Lebens bemächtigen, aber wehe, wenn sie auszufallen beginnen und die Sinne versagen, dann versagt auch mit einemmal die gefällige, die selbstgefällige Philosophie. Für den groben Genußmenschen geht die Daseinskurve unfehlbar nach abwärts, denn der Verschwender lebt ohne Reserven, er verludert und verliert seine ganze Wärme an den Augenblick, indes der Geistmensch, der scheinbar Verzichtende, gleichsam in einem Akkumulator Wärme in beharrender Fülle in sich staut. Wer dem Geistigen sich verschworen hat, erfährt auch im Niederschatten der Jahre und oft bis in patriarchalische Zeit (Goethe!) Klärungen und Verklärungen; noch gekühlten Blutes steigert er das Dasein zu intellektuellen Erhellungen und Überraschungen, und für die verminderte Spannkraft des Leibes entschädigt das kühn aufschwingende Spiel der Begriffe. Der reine Sinnesmensch aber, den nur der Schwung der Geschehnisse innerlich in Strömung setzt, bleibt stehen wie ein Mühlrad im ausgetrockneten Bach. Altern ist für ihn Untergang ins Nichts statt Übergang in ein Neues; das Leben fordert, ein unerbittlicher Gläubiger, mit Zins zurück, was zu früh und zu rasch die ungebärdigen Sinne genommen. Und so endet auch Casanovas Weisheit mit seinem Glück, sein Glück mit seiner Jugend; er scheint nur weise, solange er schön, sieghaft und vollkräftig auftritt. Hat man ihn heimlich bis zu seinem vierzigsten Jahre beneidet, von seinem vierzigsten an bemitleidet man ihn.

Denn Casanovas Karneval, dieser bunteste aller venezianischen, endet vorzeitig und trist in einem melancholischen Aschermittwoch. Ganz langsam schleichen Schatten in seine vergnügliche Lebenserzählung wie Runzeln über ein alterndes Antlitz, immer weniger Triumphe hat er zu berichten, immer mehr Ärgerlichkeiten zu verzeichnen: immer häufiger wird er – natürlich jedesmal unschuldig – in Affären von geschobenen Wechseln, fal-

schen Banknoten, verpfändeten Juwelen eingemengt, immer seltener an Fürstenhöfen empfangen. Aus London muß er bei Nacht und Nebel fliehen, knapp ein paar Stunden vor der Verhaftung, die ihn an den Galgen spedieren würde; aus Warschau jagt man ihn fort wie einen Verbrecher, in Wien und Madrid wird er ausgewiesen, in Barcelona vierzig Tage ins Gefängnis gesetzt, in Florenz wirft man ihn hinaus, in Paris weist ihn ein ›lettre de cachet‹ an, unverzüglich die geliebte Stadt zu verlassen: niemand will Casanova mehr, jeder schiebt und schüttelt ihn ab wie eine Laus aus dem Pelz. Erstaunt fragt man sich zuerst, was der gute Junge verbrochen, daß mit einemmal sich die Welt zu ihrem einstigen Liebling dermaßen ungnädig und streng moralisch zeigt. Ist er bösartig geworden, betrügerisch, hat er seinen liebenswürdig suspekten Charakter geändert, daß sich alles von ihm so plötzlich abwendet? Nein, er ist derselbe geblieben, er wird immer derselbe bleiben, Blender und Scharlatan, Amüseur und Schöngeist bis zum letzten Atemzug, ihm beginnt nur das Element zu fehlen, das seine Schwungkraft so herrlich gestrafft und gespannt: sein Selbstbewußtsein, das sieghafte Gefühl des Jungseins. Wo er am meisten gesündigt, da wird er bestraft: zuerst verlassen die Frauen ihren Liebling, eine kleine jämmerliche Delila hat diesem Simson des Eros den Genickfang gegeben, das listige Luder, die Charpillon in London. Diese Episode, die herrlichste von allen seinen Memoiren, weil die wahrste, die menschlichste, bildet den Wendepunkt. Zum erstenmal wird der erprobte Verführer von einem Weib geprellt, und nicht zwar von einer edlen, unzugänglichen Frau, die aus Tugend sich ihm verweigert, sondern von einem gerissenen blutjungen Hürchen, das versteht, ihn toll zu machen, ihm das ganze Geld aus den Taschen zu locken und ihn trotzdem nicht einen Zoll breit an ihren ludrigen Leib heranzulassen. Ein Casanova, obwohl er bezahlt und überzahlt, verächtlich zurückgewiesen, ein Casanova verschmäht und mit anschauen müssend, wie jene kleine Dirne gleichzeitig gratis ein dummes, freches Bürschchen, einen Friseurgehilfen, mit all dem beglückt, was er mit gierigen Sinnen, mit Aufbietung von Geld, List und Gewalt vergebens erstrebt – das ist der Mordschlag für Casanovas Selbstbewußtsein, und von jener Stunde an wird sein triumphierendes Auftreten irgendwie unsicher und schwank. Vorzeitig, im vierzigsten Jahr, muß er erschrocken feststellen, daß der Motor, der ihm den sieghaften Vorstoß in die Welt gegeben, nicht mehr tadellos funktioniert, und zum erstenmal überkommt ihn Angst, stecken zu bleiben: »Am meisten Kummer bereitete mir, daß ich einen Beginn von Abspannung eingestehen mußte, der gewöhnlich mit dem herannahenden Alter verbunden ist. Ich besaß nicht mehr jene sorglose Zuversicht, welche Jugend und Kraftbewußtsein verleihen.« Aber Casanova ohne Selbstzuversicht, Casanova ohne seine allzeit bereite, frauenberauschende Übermanneskraft, ohne Schönheit, ohne Potenz, ohne Geld, ohne das frech aufpochende, willensgewisse, siegsichere Paradieren als des Phallus und der Fortuna Liebling, was ist er noch, sobald er diesen Haupttrumpf im Weltspiel verloren? »Ein Herr von gewissem Alter«, erwidert er selbst melancholisch, »von dem das Glück nichts mehr wissen will und die Frauen erst recht nicht«, ein Vogel ohne Flügel, ein Mann ohne Männlichkeit, ein Liebhaber ohne Glück, ein Spieler ohne Kapital, ein trister gelangweilter Körper ohne Spannkraft und Schönheit. Zerblasen alle Fanfaren vom Triumph und der Alleinweisheit des Genießens: zum erstenmal schleicht sich das gefährliche Wörtchen ›Verzicht‹ in seine Philosophie. »Die Zeit, wo ich Frauen verliebt gemacht habe, ist vorüber, ich muß entweder auf sie verzichten oder ihre Gefälligkeit erkaufen.« Verzichten, der unfaßbarste Gedanke für einen Casanova, wird grausam wahr, denn um Weiber zu kaufen, brauchte er Geld, das Geld aber schafften ihm immer nur die Weiber: der wundervolle Kreislauf stockt, das Spiel geht zu Ende, der langweilige Ernst beginnt auch für den Meister aller Abenteuer. Und so wird – alter Casanova, armer Casanova – der Genießer zum Schmarotzer, der Weltneugierige zum Spion, der Spieler zum Betrüger und Bettler, der heitere Gesellige zum einsamen Schreiber und Pasquillanten.

Erschütterndes Schauspiel: Casanova rüstet ab, der alte Held unzähliger Liebesschlachten, er wird vorsichtig und bescheiden, der göttliche Frechling und verwegene Spielmensch; ganz leise, ganz drückerisch und still tritt der große *Commediante in fortuna* von der Bühne seiner Erfolge. Er legt die prunkvollen Kleider ab, »die meiner Lage nicht mehr entsprachen«, legt mit Ringen und Diamantschnallen und Dosen auch seinen herrlichen Hochmut ab, wirft seine Philosophie wie eine gestochene Karte unter den Tisch, beugt alternd den Nacken vor dem

◁ *Die Riesin (Sandy Allen)*

ehern unerbittlichen Gesetz des Lebens, demzufolge verblühte Dirnen zu Kupplerinnen, Spieler zu Falschspielern, Abenteurer zu Tellerleckern werden müssen. Seit ihm das Blut nicht mehr so warm im Leib umrollt, beginnt der alte *Citoyen du monde* plötzlich zu frieren inmitten seiner einst so geliebten Weltunendlichkeit und sich ganz sentimental nach Heimat zu sehnen. So senkt der ehemalige Stolze – armer Casanova, der nicht edel zu enden wußte! – reumütig das schuldige Haupt und bittet das venezianische Governo kläglich um Verzeihung: er schreibt speichelleckerische Berichte an die Inquisitoren, verfaßt ein patriotisches Libell, eine ›refutatione‹ der Angriffe auf die venezianische Regierung, in der er sich nicht zu schreiben schämt, die Bleidächer, in denen er geschmachtet, seien »Räume mit guter Luft« und geradezu ein Paradies der Humanität. Von diesen traurigsten Episoden seines Lebens steht nichts mehr in den Memoiren: sie enden vorzeitig und erzählen nicht mehr die Jahre der Schande. Er tritt ins Dunkel zurück, vielleicht, um ein Erröten zu verbergen, und fast freut man sich dessen, denn wie traurig parodiert dieser ausgebalgte Hahn, dieser ausgesungene Sänger den sieghaft Frohen, den wir so lange beneidet!

Und dann schleicht ein paar Jahre lang über die Merceria ein dicker sanguinischer Herr, nicht sehr edelmännisch gekleidet, horcht emsig, was die Venezianer reden, setzt sich in die Weinschänken, um die Verdächtigen zu beobachten, und skribelt abends langwierige Spionenberichte an die Inquisitoren. Angelo Pratolini sind diese unsauberen Informationen unterschrieben, Deckname

Die Londoner Taverne

Die Riesin verläßt die Taverne ▷

eines begnadigten Lockspitzels und betulichen Spiönchens, das für ein paar Goldstücke fremde Menschen in dieselben Gefängnisse bringt, die er selbst in seiner Jugend gekannt und deren Schilderung ihn berühmt gemacht. Ja, aus dem schabrackenhaft aufgeputzten Chevalier de Seingalt, dem Liebling der Frauen, aus Casanova, dem funkelnden Verführer, ist Angelo Pratolini geworden, der nackte niedrige Angeber und Schuft; die einst diamantberingten Hände wühlen in schmutzigen Geschäften und spritzen Tintengift und -galle nach rechts und links, bis sogar Venedig sich des quengelnden Querulanten mit einem Fußtritt entledigt. Die Nachrichten schweigen über die nächsten Jahre, und niemand weiß, auf welchen traurigen Wegen dann noch das halb kaputte Wrack gefahren ist, ehe es endgültig in Böhmen scheitert; man weiß nur, noch einmal zigeunert der alte Abenteurer durch Europa, balzt vor den Aristokraten, scharwenzelt um die Reichen, versucht seine alten Künste: Falschspiel, Kabbala und Kuppelei. Aber die fördernden Götter seiner Jugend, Frechheit und Zuversicht, haben ihn verlassen, die Frauen lachen ihm höhnisch in die Runzeln hinein, er bringt es nicht mehr hoch, er fristet und frettet sich mühsam durch, Sekretär (und wahrscheinlich wieder Spion) beim Gesandten in Wien, kläglicher Skribler, unnützer, unerwünschter und von der Polizei immer bald wieder hinauskomplimentierter Gast aller europäischen Städte. In Wien will er schließlich eine Grabennymphe heiraten, um durch ihren einträglichen Beruf einigermaßen gesichert zu sein; auch dies mißlingt ihm. Schließlich liest der steinreiche Graf Waldstein, ein Adept in den geheimen Wissenschaften, den

»poète errant de rivage en rivage
Triste jouet des flots et rebut de naufrage«

an einer Tafel in Paris, wo er sich einschmarotzt hat, mitleidig auf, findet Spaß an dem gesprächigen, abgetakelten, aber immer noch amüsanten Zyniker und nimmt ihn Gnaden halber als Bibliothekar, alias Hofnarr, nach Dux mit; tausend Gulden Jahresgehalt, freilich immer schon von den Gläubigern vorgepfändet, kaufen dies Kuriosum, ohne es zu überzahlen. Und dort in Dux lebt oder, besser gesagt, stirbt er dreizehn Jahre lang.

In Dux taucht plötzlich seine Gestalt aus jahrelanger Verschattung, Casanova oder vielmehr etwas, das an Casanova vage erinnert, seine Mumie, eingetrocknet, dürr, spitz, nur durch die eigene Galle noch konserviert, ein sonderbares Museumsstück, das der Herr Graf gern seinen Gästen präsentiert. Ein ausgebrannter Krater, meinen sie, ein amüsantes, ungefährliches, durch seine südländische Cholerik possierliches Männchen, das in dem böhmischen Vogelbauer langsam an Langeweile zugrunde geht. Aber noch einmal narrt der alte Betrüger die Welt. Denn während sie alle schon glauben, er sei abgetan und bloß Anwärter auf Kirchhof und Sarg, baut er aus Erinnerung noch einmal sein Leben und abenteuert sich listig hinein in die Unsterblichkeit.

Bildnis des alten Casanova

»Altera nunc rerum facies, me quaero, nec adsum, non sum, qui fueram, non putor esse: fui.«
Unterschrift seines Altersbildnisses

1797, 1798 – der blutige Besen der Revolution hat Kehraus gemacht mit dem galanten Jahrhundert, die Köpfe des allerchristlichsten Königs und der Königin liegen im Korb der Guillotine, und zehn Dutzend Fürsten und Fürstlein, mitsamt den venezianischen Herren Inquisitoren, hat ein kleiner korsischer General zum Teufel gejagt. Man liest nicht mehr die Enzyklopädie, Voltaire und Rousseau, sondern die hart gehämmerten Bulletins vom Kriegsschauplatz. Aschermittwoch staubt über Europa, die Karnevale sind zu Ende und das Rokoko, es ist vorbei mit den Reifröcken und gepuderten Perücken, den silbernen Schuhschnallen und Brüsseler Spitzen. Man trägt keine Samtröcke mehr, nur Uniform oder Bürgergewand.

Aber sonderbar, da hat einer die Zeit vergessen, ein uraltes Männchen ganz droben in Böhmens dunkelstem Winkel: wie der Herr Ritter Gluck in E. T. A. Hoffmanns Legende stapft dort am hellichten Tag ein farbiges Vogelmännchen mit Samtweste, vergoldeten Knöpfen, verschlissenem gelbem Spitzenkragen, seidenen Zwickelstrümpfen, geblümten Strumpfbändern und weißem Galafederhut vom Schloß Dux das buckelige Katzenpflaster hinab in die Stadt. Noch trägt das Kuriosum den Haarbeutel nach alter Sitte, schlecht gepudert zwar (man hat keine Bedienten mehr!), und die zittrige Hand stützt sich pompös auf einen altmodischen Rohrstock mit Goldspitze, wie man sie im Palais Royal Anno 1730 getragen. Wahrhaftig, es ist Casanova oder vielmehr seine Mumie, er lebt noch immer, trotz Armut, Ärger und Syphilis. Pergamenten die Haut, ein Hakenschnabel die Nase über dem zittrigen, speichelnden Mund, die buschigen Brauen struppig und weiß; all das muffelt schon nach Alter und Verwesung, nach Eingetrocknetsein in Galle und Bücherstaub. Einzig die pechschwarzen Augen haben die alte Unruhe noch, böse und spitz fahren sie unter den halbgeschlossenen Lidern vor. Aber er sieht nicht viel nach links und rechts, er grummelt und brummelt nur unwirsch vor sich hin, denn er ist nicht guter Laune, Casanova, nie mehr guter Laune, seit ihn das Schicksal auf diesen böhmischen Misthaufen geworfen. Wozu aufschauen, jeder Blick wäre zu viel für die dummen Gaffer, für diese breitmäuligen, deutschböhmischen Kartoffelfresser, die nie ihre Nase über ihren Dorfdreck hinaussteckten und ihn, den Chevalier de Seingalt, der seinerzeit dem Hofmarschall von Polen eine Kugel in den Bauch gejagt und vom Papst die goldenen Sporen eigenhändig empfangen, nicht einmal pflichtgemäß grüßen. Und ärgerlicher noch, auch die Frauen respektieren ihn nicht, sondern halten die Hände vor den Mund, damit nicht ein dickes dörfisches Lachen herausplatscht, und sie wissen, warum sie lachen, denn die Mägde haben's dem Pfarrer erzählt, daß der alte Gichtbruder ihnen gern unter die Röcke greift und in seinem Kauderwelsch das dümmste Zeug in die Ohren schwatzt. Aber noch besser dieser Pöbel immerhin als zu Hause das verdammte Dienergeschmeiß, dem er ausgeliefert ist, die »Esel, deren Fußtritt er dulden muß«, Feltkirchner vor allem, der Haushofmeister, und Widerholt, sein Dienstschwengel. Die Canaillen! Mit Absicht haben sie ihm gestern wieder Salz in die Suppe geschmissen und die Makkaroni verbrannt, aus seinem Isokameron das Porträt gerissen und auf das Klosett gehängt; sie haben es gewagt, die Lumpen, die kleine schwarzgefleckte Hündin Melampyge, ihm geschenkt von der Gräfin Roggendorf, zu schlagen, nur weil das süße Tierchen ein natürliches Bedürfnis in den Zimmern verrichtet hat. Oh, wo sind die guten Zeiten, da man derlei Dienstbotenbagage einfach in den Block gesperrt und solchem Pack die Knochen zu Butter geprügelt, statt derlei Insolenzen zu dulden. Aber heute ist ja dank dieses Robespierre die Canaille obenauf, die Jakobiner haben die Zeit versaut, und man ist selbst ein alter, armer Hund mit ausgebissenen Zähnen. Was hilft da klagen und knurren und murren den ganzen Tag – am besten, man speit auf den Pöbel, geht hinauf ins Zimmer und liest seinen Horaz.

Aber heute gilt aller Ärger nicht, wie eine Marionette zuckt und tappt die Mumie hastig von Zimmer zu Zimmer. Den alten Hofrock hat sie angezogen, den Orden umgetan und sich sauber gebürstet, jedes Stäubchen weg, denn für heute haben sich der Herr Graf angesagt, hochpersönlich kommen seine Gnaden von Teplitz herüber und bringen den Prinzen de Ligne mit und noch ein paar adelige Herren, man wird französisch bei Tisch konversieren, und die neidische Dienstbotenbande wird mit knirschenden Zähnen ihm servieren müssen, mit krummem Rücken schön die Teller hinhalten, nicht wie gestern einen verpappten und versauten Fraß wie einem Hunde seine Knochen auf den Tisch schmeißen. Ja, er wird heute mittag an der großen Tafel sitzen mit den österreichischen Kavalieren, denn die wissen noch eine soignierte Konversation zu ästimieren und respektvoll zuzuhören, wenn ein Philosoph spricht, den selbst Herr Voltaire noch geruhte, zu achten, und der einmal bei Kaisern und Königen allerhand gegolten. Wahrscheinlich, sobald die Damen sich zurückgezogen haben, wird der Herr Graf und der Herr Prinz höchstpersönlich mich bitten, aus einem gewissen Manuskript vorzulesen, ja, bitten werden sie mich, Herr Feltkirchner, Sie Dreckmaul – bitten wird mich der hochgeborene Herr Graf Waldstein und der Herr Feldmarschall Prince de Ligne, daß ich aus meinen einzig interessanten Erlebnissen wieder ein Kapitelchen vorlese, und ich werde es vielleicht tun – vielleicht! denn ich bin ja nicht der Serviteur des Herrn Grafen und zu Gehorsam verpflichtet, ich gehöre nicht zum Dienstbotengeschmeiß, ich bin Gast und Bibliothekar und stehe *au pair* mit ihnen – nun, ihr wißt ja nicht einmal, was das heißt, ihr Jakobinergesindel. Aber ein paar Anekdoten werde ich ihnen erzählen, cospetto! – ein paar im deliziösen Genre meines Lehrers, des Herrn Crébillon, oder ein paar pfefferige von der venezianischen Sorte – nun, wir sind doch Edelleute unter uns und verstehn uns auf Nuancen. Man wird lachen und schwarzdunklen schweren Burgunder trinken wie am Hof Seiner christlichen Majestät, wird vom Krieg, Alchimie und Büchern plaudern, und vor allem

von einem alten Philosophen sich etwas über Welt und Weiber erzählen lassen.

Aufgeregt huscht er durch die geöffneten Säle, der kleine, dürre, böse Vogel, die Augen funkelnd von Medisance und Übermut. Er putzt die *pierres de strass* – die echten Edelsteine hat längst ein englischer Jude –, die sein Ordenskreuz einrahmen, pudert sorgfältig das Haar und übt (bei diesen Banausen vergißt man ja alle Manieren) die alte Art der Reverenzen und Verbeugungen vom Hofe Ludwigs XV. vor dem Spiegel. Freilich, der Rükken knackt schon bedenklich, nicht ungestraft hat man den alten Karren dreiundsiebzig Jahre lang auf allen Postkutschen kreuz und quer durch Europa geschleppt, und weiß Gott, wieviel Saft haben die Frauen aus einem geholt. Aber wenigstens da oben im Gehirnkasten ist der Witz noch nicht ausgeronnen, man wird die Herren noch zu amüsieren wissen und vor ihnen gelten. Mit schnörkelig gerundeter, ein wenig zittriger Schrift kopiert er noch ein Willkommgedichtchen in französischer Sprache für die Princesse de Recke auf ein rauhliches Büttenblatt, malt ferner eine pompöse Dedikation auf sein neues Lustspiel für die Liebhaberbühne: auch hier in Dux hat man nicht verlernt, was sich gehört, und weiß als Kavalier eine literarisch interessierte Assemblee respektvoll zu empfangen.

Und tatsächlich, wie jetzt die Karossen angerollt kommen und er mit seinen gichtigen Füßen krumm die hohen Stufen hinabstapft, da werfen der Herr Graf und seine

Casanova als Voyeur

◁ *Die Riesin im Bad*

Casanova vor der Abreise aus London

Gäste den Dienern lässig die Mütze hin, Mäntel und Pelze, ihn aber umarmen sie nach Edelmannsart, präsentieren ihn den mitgeladenen Herren als den zelebren Chevalier de Seingalt, rühmen seine literarischen Verdienste, und die Damen wetteifern, ihn als Tischnachbar zu haben. Noch sind nicht die Schüsseln abgeräumt und gehen die Pfeifen die Runde, so erkundigt sich schon, ganz wie er's vorausgewußt, der Prinz nach den Fortschritten seiner unvergleichlich spannenden Lebenserzählung, und unisono bitten Herren und Damen, doch aus diesen zu zweifelloser Zelebrität bestimmten Memoiren ein Kapitel vorzulesen. Wie dem liebenswürdigsten aller Grafen, seinem gnädigen Wohltäter, einen Wunsch versagen? Eilfertig klappert der Herr Bibliothekarius hinauf in sein Zimmer und holt aus den fünfzehn Folianten denjenigen mit dem zurechtgelegten Seidenstreif: das Haupt- und Kabinettstück, eins der wenigen, das die Gegenwart von Damen nicht zu scheuen braucht, die Entweichung aus den Bleikammern von Venedig. Wie oft und wem allen hat er dieses unvergleichliche Abenteuer schon vorgetragen, dem Kurfürsten von Bayern, von Köln, dem englischen Adelskreis und dem Warschauer Hof, aber sie sollen sehen, daß ein Casanova anders erzählt als dieser lederne Preuße, der Herr von Trenck, von dem man soviel Aufhebens machte mit seinen Prisons. Denn er hat neuerdings ein paar Wendungen eingefügt, ganz großartig überraschende Komplikationen, und zum Schluß ein superb wirkendes Zitat aus dem göttlichen Dante. Stürmischer Applaus lohnt die Vorlesung, der Graf umarmt ihn und schiebt dabei mit der linken Hand eine Rolle Dukaten heimlich in seine Tasche, die er, der Teufel weiß es, gut brauchen kann, denn wenn ihn auch die ganze Welt vergißt, seine Gläubiger setzen ihm nach bis hierher in den fernsten Pontus. Sieh da, wahrhaftig, ein paar dicke Tränen laufen ihm über die Wangen, wie jetzt noch die Prinzessin ihn gütig beglückwünscht und alle ihm zutrinken auf die baldige Vollendung des illustren Meisterwerks!

Aber am nächsten Tage, o weh, klirren die Pferde schon ungeduldig ins Geschirr, die Kaleschen warten am Tor, denn die hohen Herrschaften verreisen nach Prag, und obwohl der Herr Bibliothekar dreimal zarte Andeutungen machte, er hätte daselbst allerlei dringende Geschäfte, nimmt ihn niemand mit. Er muß zurückbleiben in dem riesigen, kalten, zugigen Steinkasten von Dux, ausgeliefert dem frechen böhmischen Dienergesindel, das, kaum daß der Staub hinter den Rädern des Herrn Grafen sich duckt, schon wieder sein albernes Grinsen zwischen die Ohren steckt. Barbaren ringsum, kein Mensch mehr, der französisch und italienisch, von Ariost und Jean-Jacques zu reden wüßte, und man kann doch nicht immer Briefe schreiben an diesen eingebildeten Aktenhengst, den Herrn Opiz in Czaslau, und die paar gütigen Damen, die ihm noch die Ehre der Korrespondenz gönnen. Wie grauer Rauch, dumpf und schläfrig, liegt wieder die Langeweile über den unbehausten Zimmern, und die gestern vergessene Gicht zerrt mit verdoppelter Grimmigkeit in den Beinen. Mürrisch zieht Casanova die Hofkleider aus und seinen dickwollenen türkischen Schlafrock über die frierenden Knochen, mürrisch kriecht er hin zu dem einzigen Asyl der Erinnerungen, an den Schreibtisch: geschnittene Federn warten neben den aufgehäuften weißen Folioblättern, erwartungsvoll knistert das Papier. Und da setzt er sich stöhnend hin und schreibt mit seiner zittrigen Hand weiter und weiter – gesegnete Langeweile, die ihn treibt! – die Historia seines Lebens.

Denn hinter dieser totenschädeligen Stirn, hinter dieser mumiendürren Haut lebt frisch und blühend wie weißes Nußfleisch hinter beinerner Schale ein geniales Gedächtnis. In diesem kleinen Knochenraum zwischen Stirn und Hinterhaupt ist noch alles intakt und sauber aufgestapelt, was dieses funkelnde Auge, diese breiten, atmenden Nüstern, diese harten, gierigen Hände in tausend Abenteuern gierig an sich gerafft, und die gichtknolligen Finger, die dreizehn Stunden im Tage den Gänsekiel rennen lassen (»dreizehn Stunden, und sie vergehen mir wie dreizehn Minuten«), entsinnen sich noch all der glatten Frauenleiber, die sie jemals genießerisch überstreift. Auf dem Tisch liegen, bunt durcheinander, die halb vergilbten Briefe seiner einstigen Geliebten, Notizen, Haarlocken, Rechnungen und Angedenken, und wie über erloschener Flamme noch silbern der Rauch, so schwebt hier unsichtbare Wolke zärtlichen Dufts von den verblaßten Erinnerungen. Jede Umarmung, jeder Kuß, jede Hingabe entschwingt dieser farbigen Phantasmagorie – nein, solche Beschwörung des Vergangenen ist keine Arbeit, das ist Lust – »*le plaisir de se souvenir de ses plaisirs*«. Die Augen glänzen dem gichtischen Greis, die Lippen zucken in Eifer und Erregung, halblaute Worte spricht er vor

Empfang beim Papst ▷

Im Hause von Lord Tallow

Casanova »liebt« mit einem Kutscher um die Wette und gewinnt

sich hin, neuerfundene und halberinnerte Dialoge, unwillkürlich ahmt er ihre Stimmen von einst nach und lacht selbst über die eigenen Scherze. Er vergißt Essen und Trinken, Armut, Elend, Erniedrigung und Impotenz, allen Jammer und die Scheusäligkeit des Alters, während er sich im Spiegel seiner Erinnerungen träumend verjüngt, Henriette, Babette, Therese schweben lächelnd heran, beschworene Schatten, und er genießt ihre nekromantische Gegenwart vielleicht mehr als die erlebte. Und so schreibt er und schreibt, abenteuert mit Finger und Feder, wie einst mit dem ganzen glühenden Leib, tappt auf und nieder, rezitiert, lacht und weiß von sich selber nicht mehr.

Vor der Tür stehen die Dienertölpel und grinsen sich an: »Mit wem lacht er da drinnen, der alte welsche Narr?« Feixend deuten sie, seine Verschrobenheiten zu verspotten, mit dem Finger an die Stirn, poltern die Treppe hinunter zum Wein und lassen den Alten in seinem Dachzimmer allein. Niemand weiß von ihm mehr in der Welt, die Nächsten nicht und nicht die Fernsten. Er haust, der alte zornige Habicht, da droben in seinem Turm von Dux wie auf der Spitze eines Eisberges, ungeahnt und ungekannt; und als endlich Ende Juni 1798 das alte zermürbte Herz kracht und man den elenden, von tausend Frauen einst glühend umarmten Leib einscharrt in die Erde, weiß das Kirchenbuch nicht einmal mehr seinen rechten Namen. »Casaneus, ein Venezianer« schreiben sie ein, einen falschen Namen, und »Vierundachtzig Jahre alt«, eine falsche Lebenszahl, so unbekannt ist er den Nächsten geworden. Niemand kümmert sich um sein Grabmal, niemand um seine Schriften, vergessen modert der Leib, vergessen modern die Briefe, vergessen wandern irgendwo die Bände seines Werkes in diebischen und doch gleichgültigen Händen herum; und von 1798 bis 1822, ein Vierteljahrhundert, scheint niemand so tot wie dieser Lebendigste aller Lebendigen.

Genie der Selbstdarstellung

»Es kommt nur darauf an, Mut zu haben.«
Vorrede der Memoiren

Abenteuerlich sein Leben, abenteuerlich auch seine Auferstehung. Am 13. Dezember 1820 – wer weiß von Casanova noch? – erhält der renommierte Verlagsbuchhändler Brockhaus den Brief eines höchst unbekannten Herrn Gentzel, ob er die »Geschichte meines Lebens bis zum Jahre 1797«, verfaßt von einem ebenso unbekannten Signor Casanova, veröffentlichen wolle. Der Buchhändler läßt jedenfalls sich die Folianten kommen, sie werden von Fachleuten durchgelesen: man kann sich denken, wie sie begeistert sind. Daraufhin wird das Manuskript sofort erworben, übersetzt, wahrscheinlich gröblich entstellt, mit Feigenblättern überklebt und für den Gebrauch adjustiert. Beim vierten Bändchen skandaliert der Erfolg schon dermaßen laut, daß ein findiger Pariser Pirat das deutsch übersetzte französische Werk abermals ins Französische rückübersetzt – also doppelt verballhornt –; nun wird Brockhaus seinerseits ehrgeizig, schießt der französischen Übersetzung eine eigene französische Rückübersetzung in den Rücken – kurz, Giacomo, der Verjüngte, lebt wieder so lebendig als nur je in allen seinen Ländern und Städten, nur sein Manuskript wird feierlich begraben im Eisenschrank der Herren Brockhaus, und Gott und Brockhaus wissen vielleicht allein, auf welchen Schleichwegen und Diebswegen sich die Bände in den dreiundzwanzig Jahren umgetrieben, wieviel davon verloren, verstümmelt, kastriert, gefälscht, verändert wurde; als rechtes Casanova-Erbe riecht die ganze Affäre penetrierend nach Geheimnis, Abenteuer, Unredlichkeit und Schiebung, aber welch erfreuliches Wunder schon dies, daß wir diesen frechsten und vollblütigsten Abenteurerroman aller Zeiten überhaupt besitzen!

Er selbst, Casanova, hat nie ernstlich an das Erscheinen dieses Monstrums geglaubt. »Seit sieben Jahren tue ich nichts anderes als meine Erinnerungen schreiben«, beichtet einmal der rheumatische Eremit, »und es ist für mich allmählich ein Bedürfnis geworden, die Sache zu Ende zu bringen, obwohl ich sehr bereue, sie angefangen zu

haben. Aber ich schreibe in der Hoffnung, daß meine Geschichte niemals das Licht der Öffentlichkeit erblicken werde, denn abgesehen davon, daß die niederträchtige Zensur, dieses Löschhorn des Geistes, den Druck niemals erlauben würde, so hoffe ich in meiner letzten Krankheit so vernünftig zu sein und alle meine Hefte vor meinen Augen verbrennen zu lassen.« Glücklicherweise ist er sich treu geblieben, Casanova, und niemals vernünftig geworden, und sein »sekundäres Erröten«, wie er einmal sagt, nämlich das Erröten darüber, daß er nicht erröte, hat ihn nicht gehindert, kräftig in die Palette zu greifen und Tag für Tag zwölf Stunden mit seiner schönen, runden Schrift immer neue Foliobogen voll zu fabulieren. Waren diese Erinnerungen doch »das einzige Heilmittel, um nicht wahnsinnig zu werden oder vor Ärger zu sterben – vor Ärger über die Unannehmlichkeiten und täglichen Scherereien von seiten der neidischen Halunken, die sich zusammen mit mir auf dem Schlosse des Grafen Waldstein befinden«.

Als Fliegenklappe gegen die Langeweile, als Heilmittel gegen intellektuelle Verkalkung, ein bescheidenes Motiv, beim Zeus, um Memoiren zu verfassen; aber mißachten wir die Langeweile nicht als Impuls und Impetus der Gestaltung. Den Don Quixotte verdanken wir den öden Kerkerjahren des Cervantes, die schönsten Blätter Stendhals den Jahren seines Exils in den Sümpfen von Civitavecchia; nur in der Camera obscura, dem künstlich verdunkelten Raum, entstehen die farbigsten Bilder des Lebens. Hätte Graf Waldstein den guten Giacomo nach Paris oder Wien mitgenommen, wacker gefüttert und ihn Frauenfleisch riechen lassen, hätte man ihm die *Honneurs d'esprit* in den Salons erwiesen, so wären diese ergötzlichen Erzählungen bei Schokolade und Sorbett verplaudert worden und niemals in Tinte geronnen. Aber der alte Dachs sitzt und friert allein im böhmischen Pontus, und so erzählt er gleichsam schon rückgewendet aus dem Totenreich. Seine Freunde sind gestorben, seine Abenteuer vergessen, niemand erweist ihm mehr Achtung und Ehre, niemand hört ihm zu, so übt der alte Zauberer, einzig um sich selbst zu beweisen, daß er lebt oder wenigstens gelebt hat – »vixi, ergo sum« – noch einmal die Kabbalistenkunst, vergangene Gestalten zu beschwören. Hungrige nähren sich vom Bratenduft, Invalide des Krieges und des Eros vom Erzählen der eigenen Abenteuer. »Ich erneuere das Vergnügen, indem ich mich daran erinnere. Und ich verlache vergangene Not, denn ich fühle sie nicht mehr.« Nur sich selbst rückt Casanova den bunten Guckkasten Vergangenheit, dies Kinderspielzeug des Greises, zurecht, er will eine elende Gegenwart vergessen durch farbige Erinnerung. Mehr will er nicht, und gerade diese vollkommene Gleichgültigkeit gegen alles und alle gibt seinem Werke einzig psychologischen Wert als Selbstdarstellung. Denn wer sonst sein Leben erzählt, tut es fast immer zweckhaft und gewissermaßen amphitheatralisch; er stellt sich auf eine Bühne, der Zuschauer gewiß, übt sich unbewußt eine besondere Haltung, einen interessanten Charakter ein. Berühmte Männer sind niemals bedenkenfrei in ihrer Selbstdarstellung, denn ihr Lebensbild ist von vorneweg schon konfrontiert mit einem bereits in der Phantasie oder dem Erlebnis zahlloser Menschen vorhandenen; so sind sie wider ihren Willen gezwungen, ihre eigene Darstellung heranzustilisieren an die schon ausgeformte Legende. Sie müssen, die Berühmten, um ihres Ruhmes willen Rücksicht nehmen auf ihr Land, ihre Kinder, auf die Moral, Ehrfurcht und Ehre – immer ist darum, wer vielen schon angehört, vielfach gebunden. Casanova aber darf sich den Luxus radikalster Hemmungslosigkeit leisten, ihn besorgen keine familiären, keine ethischen, keine sachlichen Bedenken. Seine Kinder hat er als Kuckuckseier in fremde Nester gesteckt, die Frauen, mit denen er schlief, faulen längst unter italienischer, spanischer, englischer, deutscher Erde, ihn selbst beengt kein Vaterland, keine Heimat, keine Religion – zum Teufel, wen sollte er da schonen: am wenigsten sich selbst! Was er erzählt, kann ihm nichts mehr nützen, kann ihm nichts mehr schaden. »Warum«, fragt er sich darum, »sollte ich nicht wahr sein? Sich selbst täuscht man niemals, und ich schreibe nur für mich selber.«

Wahr sein, das heißt aber für Casanova nicht etwa tiefwühlend und selbstgrüblerisch sich gebärden, sondern ganz einfach: hemmungslos, rücksichtslos, schamlos sein. Er zieht die Kleider aus, macht sich behaglich und nackt, taucht den abgestorbenen Leib noch einmal ins warme Geström der Sinnlichkeit, klatscht und platscht munter und frech in seinen Erinnerungen, höchst gleichgültig um vorhandene oder imaginäre Zuschauer. Nicht wie ein Literat, ein Feldherr, ein Dichter erzählt er seine Abenteuer sich selber zur Ehre, sondern wie ein Strolch seine Messerstechereien, eine wehmütig alternde Kokotte

◁ Oben: *Isabella (Olimpia Carlisi) und Silvana (Silvana Fusacchia), die beiden Töchter des Schweizer Entomologen*
Mitte: *Ankunft in Dresden*
Unten: *Die Bucklige (Angelica Hansen) reizt Casanova*

ihre Liebesstunden, also vollkommen ohne Schamhemmung und Bedenken. »Non erubesco evangelium«, ich erröte nicht über mein Bekenntnis, steht als Motto unter seinen »Précis de ma vie«, er bläst weder die Backen auf, noch schielt er reumütig in die Zukunft: er erzählt direkt und gerade aus dem Mund heraus. Kein Wunder darum, daß sein Buch eins der nacktesten und natürlichsten der Weltgeschichte wurde, von einer geradezu wahrhaft antikischen Offenheit im Amoralischen. Aber mag es grobsinnlich wirken und für zartsinnige Gemüter manchmal allzu sichtbar phallische Muskeln mit der Eitelkeit eines selbstzufriedenen Athleten spielen lassen – tausendmal besser doch dieses unverschämte Paradieren als ein feiges Wegeskamotieren oder eine lendenlahme Galanterie in eroticis. Man vergleiche doch einmal die andern erotischen Traktate seiner Zeit, die rosenfarbenen, moschussüßlichen Frivolitäten eines Grécourt, Crébillon oder den Faublas, wo der Eros ein bettelhaftes Schäferkleidchen trägt und Liebe als lüsternes Chassé-Croisé erscheint, ein galantes Spielchen, bei dem man weder Kinder noch die Syphilis kriegt, mit diesen geraden, exakten, von gesunder und üppiger Genußfreude überschwellenden Schilderungen, um ihre Menschlichkeit und elementare Natürlichkeit ganz einwerten zu können. Bei Casanova erscheint die männliche Liebe nicht als zartblaues Wässerchen, in dem Nymphen ihre Füße spielend kühlen, sondern als ungeheurer naturhafter Strom, der die Welt spiegelt auf seiner Fläche und gleichzeitig in seinem Grund allen Schlamm und Schmutz der Erde mitschleppt – wie kein anderer Selbstdarsteller zeigt er das Panische und Wildüberschwellende des männlichen Geschlechtstriebs. Hier kommt endlich einer, der den Mut hatte, die volle Vermengtheit von Fleisch und Geist in der männlichen Liebe aufzuzeigen, nicht nur die sentimentalischen Affären, die zimmerreinen Liebschaften zu erzählen, sondern auch die Abenteuer der Hurengassen, die nackten und bloß hauthaften Geschlechtlichkeiten, das ganze Labyrinth des Sexus, das jeder wirkliche Mann durchschreitet. Nicht daß die andern großen Autobiographen, daß Goethe oder Rousseau in ihren Selbstdarstellungen geradewegs unwahrhaftig wären, aber es gibt auch eine Unwahrhaftigkeit durch Halberzählen und Verschweigen, und sie beide schweigen mit bewußter oder wegschielender Vergeßlichkeit sorgfältig die minder appetit-

Die Schauspielerin Astrodi (Marika Rivera)

Eine tumultuöse Nacht ▷

Die Orgie

lichen, die rein sexuellen Episoden ihres Liebeslebens tot, um sich einzig über die seelisch durchfärbten, die sentimentalen oder leidenschaftlichen Liebeleien mit den Klärchen und Gretchen zu verbreiten. Damit sublimieren sie aber unbewußt das lebensechte Bildnis der männlichen Erotik: Goethe, Tolstoi, selbst der sonst nicht prüde Stendhal gleiten rasch und mit schlechtem Gewissen hinweg über unzählige bloße Bettabenteuer und die Begegnungen mit der venus vulgivaga, der irdischen, allzu irdischen Liebe, und hätte man nicht diesen frech-aufrichtigen, herrlich-schamlosen Kerl Casanova, der hier allerhand Vorhänge hebt, so fehlte der Weltliteratur ein vollkommen ehrliches und durchaus komplexes Bild der männlichen Geschlechtlichkeit. Bei ihm sieht man endlich einmal das ganze sexuelle Triebwerk der Sinnlichkeit in Funktion, die Welt im Fleische auch dort, wo sie schmierig, schlammig, sumpfig wird. Casanova sagt in sexualibus nicht nur die Wahrheit, sondern – unausmeßbarer Unterschied! – die ganze Wahrheit, seine Liebeswelt allein ist wahr wie die Wirklichkeit.

Casanova wahr? – ich höre die Philologen entrüstet aufrücken von ihren Stühlen, haben sie doch in den

Das Dresdner Theater

letzten fünfzig Jahren Maschinengewehrfeuer nach seinen historischen Böcken geschossen und manche fette Lüge zur Strecke gebracht. Aber gemach nur, gemach! Zweifellos hat der gerissene Falschspieler, dieser berufsmäßige Lügenpeter und Radamonteur auch in seinen Memoiren die Karten etwas künstlich gemischt, *il corrige la fortune,* und gibt dem oft schwerfälligen Zufall geschwindere Beine. Er schmückt, garniert, pfeffert und würzt sein aphrodisisches Ragout mit allen Ingredienzien einer durch Entbehrung aufgepulverten Phantasie, vielleicht sogar, ohne es immer selbst zu wissen. Nein – einen Fanatiker der Einzelwahrheit, einen verläßlichen Historiker darf man in ihm nicht suchen, und je genauer die Wissenschaft unserm guten Casanova auf die Finger paßt, um so tiefer kommt er in die Kreide. Aber alle diese kleinen Schwindeleien, chronologischen Irrtümer, Mystifikationen und Windbeuteleien, diese willkürlichen und oft sehr begründeten Vergeßlichkeiten zählen nichts gegen die ungeheure und geradezu einzige Wahrhaftigkeit der Lebenstotalität in diesen Memoiren. Zweifellos hat Casanova von dem unbestreitbaren Recht des Künstlers, Zeitliches und Räumliches zusammenzuziehen und Geschehnisse

Ende der Vorstellung ▷

Der Herzog von Württemberg (Dudley Sutton)

sinnlicher zu machen, im einzelnen reichlich Gebrauch gemacht – aber was tut's gegen die ehrliche, offene, augenklare Art, mit der er sein Leben und seine Zeit als Ganzes ansieht. Nicht er allein, sondern ein Jahrhundert steht plötzlich springlebendig auf der Bühne, wirbelt in dramatischen, von Kontrasten knisternden, elektrisch geladenen Episoden alle Schichten und Stände der Gesellschaft, der Nationen, alle Landschaften und Sphären kunterbunt durcheinander, ein Sittenbild und Unsittenbild ohnegleichen. Denn der scheinbare Defekt, daß er nicht profund in die Tiefe hinablotet, macht seine Schauart so dokumentarisch für das Kulturelle; Casanova zieht nicht aus der Fülle begrifflich die Wurzel und entsinnlicht dadurch die Summe der Erscheinungen, nein, er läßt alles locker, ungeordnet, in dem lebensechten Nebeneinander des Zufalls, ohne zu sortieren, zu kristallisieren. Alles liegt bei ihm auf der einen und gleichen Linie der Wichtigkeit, sobald es ihn nur amüsiert – das einzige Werturteil seiner Welt! – er kennt kein Groß und Klein weder im Moralischen noch im Wirklichen, kein Gut und Böse. Darum wird er das Gespräch mit Friedrich dem Großen nicht um ein Haar ausführlicher oder ergriffener schildern als zehn Seiten vorher das Gespräch mit einer kleinen Hure, mit gleicher Sachlichkeit und Gründlichkeit das Bordell in Paris beschreiben wie den Winterpalast der Kaiserin Katharina. Ihm erscheint ebenso belangreich, wieviel hundert Dukaten er im Pharo gewonnen oder wie oft er in einer Nacht mit seiner Dubois oder Helene Sieger bliebe, als die Konversation mit Herrn Voltaire der Literaturgeschichte zu bewahren – keinem Ding der Welt hängt er moralische oder ästhetische Gewichte an, und darum bleibt sie dermaßen herr-

Lustbarkeiten im Schloß

lich im natürlichen Äquilibrium. Gerade daß Casanovas Memoiren intellektuell nicht viel mehr sind als die Notizen eines klugen Durchschnittsreisenden durch die interessantesten Landschaften des Lebens, macht zwar kein Philosophikum aus ihnen, aber zugleich einen historischen Baedeker, einen Cortigiano des 18. Jahrhunderts und eine amüsante Chronique scandaleuse, einen vollkommenen Querschnitt durch den Alltag eines Weltalters. Durch niemand besser als durch Casanova kennt man das Tägliche und damit Kulturelle des 18. Jahrhunderts, seine Bälle, Theater, Kaffeehäuser, Feste, Gasthöfe, Spielsäle, Bordelle, Jagden, Klöster und Festungen. Man weiß durch ihn, wie man reiste, speiste, spielte, tanzte, wohnte, liebte, sich amüsierte, die Sitten, die Manieren, die Sprechart und Lebensweise. Und zu dieser unerhörten Fülle der Tatsachen, der praktisch sachlichen Realitäten tritt dann noch dieser ganze wirbelnde Tumult von Menschenfiguren, genug, um zwanzig Romane zu füllen und eine, nein zehn Generationen von Novellisten zu verproviantieren. Welche Fülle: Soldaten und Fürsten, Päpste und Könige, Strolche und Falschspieler, Kaufleute und Notare, Kastraten, Zutreiber, Sänger, Jungfrauen und Dirnen, Schriftsteller und Philosophen, Weise und Narren, die ergötzlichste und reichhaltigste Menschen-Menagerie, die jemals ein einzelner in den Pferch eines Buches zusammengetrieben. Hunderte von Novellen und Dramen danken seinem Werk ihre besten Gestalten sowie Situationen, und noch bleibt dieses Bergwerk unerschöpft: wie aus dem Forum Romanum zehn Generationen sich Steine holten für neuen Bau, werden noch einige literarische Geschlechter von diesem Erzverschwender Fundament und Figuren sich borgen.

Unterwegs nach Dux

Darum hilft es nichts, die Nase zu rümpfen über seine zweideutige Begabung oder moralisch zu tun wegen seiner gesetzwidrigen irdischen Konduite oder gar ihm seine philosophischen Läppereien beckmesserisch anzukreiden – es hilft nichts, es hilft nichts, dieser Giacomo Casanova gehört nun einmal zur Weltliteratur, ebenso wie der Galgenbruder Villon und allerhand andere dunkle Existenzen, und wird unzählige moralische Dichter und Richter überdauern. Wie im Leben, so hat er auch post festum alle gültigen Gesetze der Ästhetik ad absurdum geführt, den Katechismus der Moral frech unter den Tisch geschmissen, denn durch die Dauer seiner Wirkung ist bezeugt, daß man nicht sonderlich begabt, fleißig, wohlanständig, edel und erhaben sein müsse, um in die heiligen Hallen der literarischen Unsterblichkeit einzudringen. Casanova hat bewiesen, daß man den amüsantesten Roman der Welt schreiben kann, ohne Dichter, das vollendetste Zeitbild, ohne Historiker zu sein, denn jene letzte Instanz fragt nie nach dem Wege, sondern nach der Wirkung, nicht nach der Sittlichkeit, sondern der Kraft. Jedes vollkommene Gefühl vermag produktiv zu werden, Schamlosigkeit ebenso wie Scham, Charakterlosigkeit wie Charakter, Bosheit wie Güte, Moral wie Unmoral: entscheidend für Verewigung wird niemals die Seelenform, sondern die Fülle eines Menschen. Nur Intensität verewigt, und je stärker, vitaler, einheitlicher und einmaliger ein Mensch lebt, um so vollkommener bringt er sich zur Erscheinung. Denn die Unsterblichkeit weiß nichts von Sittlich und Unsittlich, von Gut und Böse; sie mißt nur Werke und Stärke, sie fordert Einheit und nicht Reinheit des Menschen, Beispiel und Gestalt. Moral ist ihr nichts, Intensität alles.

Das Jugendbildnis in der Latrine ▷

Der alte Casanova rezitiert Ariost ▷▷

Zeugnisse

Charles de Ligne

Dieser Mann wäre recht schön, wenn er nicht häßlich wäre. Er ist groß, herkulisch gebaut, aber sein afrikanischer Teint und seine lebhaften, geistsprühenden Augen, die fast immer Reizbarkeit, Unrast oder Rankune verraten, geben ihm ein etwas wildes Aussehen, als sei er leichter zornig als fröhlich zu machen. Er lacht selten, macht aber andere lachen. Seine Redeweise erinnert an einen unfreiwillig komischen Harlekin oder Figaro, was sehr drollig wirkt. Nur was er vorgibt zu wissen, weiß er nicht: die Regeln der Tanzkunst, der französischen Sprache, des Geschmacks, der Weltläufigkeit und der feinen Lebensart. Nur seine Komödien sind nicht komisch, nur in seinen philosophischen Abhandlungen ist keine Spur von Philosophie; alle andern Schriften dagegen sind voll davon, es gibt immer wieder witzige Einfälle, Neues, Pikantes und Tiefsinniges. Er ist ein Born des Wissens, aber er zitiert so oft Homer und Horaz, daß einem davon übel wird. Seine Geistesblitze und -sprünge sind konzentriertes attisches Salz. Er ist sensibel und dankbar, aber wenn man ihn nur ein klein wenig ärgert, wird er böse, bissig und abscheulich. Ein kleiner Schabernack, den man ihm spielt, könnte mit einer Million Bußgeld nicht getilgt werden. Sein Stil ähnelt dem alter Vorreden, er ist lang, weitschweifig und schwerfällig; aber wenn er etwas zu erzählen hat, wie zum Beispiel seine Abenteuer, legt er eine solche Originalität hinein, eine Naivität, ein dramatisches Talent, alles in Bewegung zu halten, daß man ihn nicht genug bewundern kann und womit er unwissentlich *Gil Blas* und *Le Diable boîteux* übertrifft. Er glaubt an nichts außer ans Unglaubwürdigste, und sein Aberglaube erstreckt sich auf alles mögliche. Glücklicherweise hat er auch Ehr- und Zartgefühl. Er liebt und begehrt alles, weiß sich jedoch allem rasch wieder zu entziehen, wenn er genug davon hat. Besonders Frauen und kleine Mädchen hat er im Kopf, und daß er die nicht so leicht herauskriegt, erbost ihn bis zur hellen Wut: gegen das schöne Geschlecht, gegen sich selbst, gegen den Himmel, gegen die Natur und vor allem gegen das Jahr 1725. Wenn er manchmal seine Überlegenheit über ein paar Dummköpfe, Männer wie Frauen, ausgenutzt hat, um sich zu bereichern, so wollte er damit auch seine nähere Umgebung glücklich machen. Mitten in der größten Liederlichkeit, der stürmischsten Jugend, der abenteuerlichsten und manchmal etwas zweideutigen Karriere beweist er Takt, Anstand und Mut. Er ist stolz, daß und weil er nichts hat. Als Rentner, Finanzier oder vornehmer Herr hätte er vielleicht ein leichteres Leben führen können; ihm ist wichtiger, daß man ihm nicht in die Quere kommt, daß man ihn nicht etwa belächelt, sondern liest und anhört, denn sein Selbstgefühl steht dauernd unter Waffen. Seine überbordende Phantasie, das Temperament seiner Heimat, seine Reisen, die vielen Berufe, in denen er sich versucht hat, seine Standhaftigkeit in körperlichen und geistigen Notzeiten ergeben einen seltenen Menschen, dessen Bekanntschaft sich lohnt, der des Nachdenkens wert ist und freundschaftliche Zuneigung der sehr wenigen Personen verdient, die Gnade vor seinen Augen finden.

Alfred de Musset

Der Venezianer Casanova lebte im Europa des achtzehnten Jahrhunderts. Doktor Gall hätte an seinem Schädel einige der Höcker finden können, die auch das Gehirn des Kaisers bestimmten. Tatendrang, Kraft, Einfallsreichtum, Unerschrockenheit waren seine Grundeigenschaften. Nicht nur, daß er niemals zauderte – der Gedanke, zaudern zu können, kam ihm überhaupt nicht in den Sinn. Da er leider auf niedriger Gesellschaftsstufe geboren war, konnte er das Glück nur in engeren Verhältnissen in die Schranken fordern und wuchs zeitlebens nicht übers Private hinaus. Vielleicht aber lag dies einzig an seiner fehlenden Führerbegabung. Er blieb ohne Amt und Würden, heute Offizier, morgen angehender Priester, übermorgen Violinvirtuose. Wie weit hätte er es wohl gebracht, wenn er seiner Phantasie besser zu widerstehen gewußt hätte! Immerhin wurde er zum ersten aller Abenteurer.

Der Versuch, seine Memoiren zu analysieren, hieße auch sein Leben zu zergliedern, und dieses entwischt dem Skalpell. Nirgends ein Körnchen Vernunft, wenig Religion, noch weniger Gewissen. Dummköpfe führt er mit Hochgenuß an der Nase herum, die Frauen betrügt er aufs treuherzigste, beim Glücksspiel ist er etwas zu erfolgreich, er erzählt göttlich, führt seine Schrullen und

Tollheiten in aller Welt spazieren, kehrt aber immer wieder in sein geliebtes Venedig zurück. Hier macht er maskierten Damen den Hof, dort lustwandelt er gemessen als Abbé in den päpstlichen Gärten; hier dichtet er eine schöne Marquise an, dort duelliert er sich einer Tänzerin wegen; dann wieder tritt er als furchteinflößender Musketier auf (er maß beinahe sechs Fuß) oder als großmütiger und rechtschaffener Edelmann. Wer Benvenuto Cellini mag, wird auch an Casanovas Buch Geschmack finden; ihnen ist gemeinsam, daß sie alle beide die unglaublichsten Geschichten liefern, nur mit dem Unterschied, daß Cellini drei von vier Malen lügt, Casanova hingegen so selten, daß er sich selbst in schlechtes Licht rückt.

Alle, die ihn gelesen haben, sagen übereinstimmend, daß er einen unauslöschlichen Eindruck auf sie gemacht hat; mögen sich die kritischen Tagesgrößen wie auch immer äußern, so unterliegen sie ihm doch selbst.

Sainte-Beuve

Wie es edle Wesen gibt, deren Lebenswandel mühelos von ihrem Sittlichkeitsgefühl beherrscht und gelenkt wird, so gibt es eine recht zahlreiche Klasse von Individuen, die der Moral fast völlig ermangeln, denen aber just dieser Mangel erlaubt, ihre brillanten, raschen, unternehmenden Fähigkeiten maß- und rücksichtslos zu entwickeln. Nichts ist seltener, als Moral und strenge Wahrhaftigkeit mit Neugier und Vergnügungssucht gepaart zu sehen. Casanova de Seingalt gehört ganz und gar dieser Familie an; er ist eines ihrer verwöhntesten Sonntagskinder.

Dieser aus spanischem Blut hervorgegangene Venezianer, der rasende Bastarde zu seinen Ahnen zählt und entführte Nonnen, satirische Latein-Poeten und Gefährten des Christoph Kolumbus, Kardinalssekretäre und eine Komödiantin als Mutter hatte; dieser junge Abbé, der frischfröhlich wie Faublas und Cherubin ins Leben aufbricht, aber bald eine Blutmischung von Lazarille und Pantalon in seinen Adern brodeln fühlt, der sich in allen Berufen versucht und alle Sprachen spricht wie Panurge, dessen Leben halb einer Posse, halb einer Liebeskomödie gleicht, einem venezianischen Karneval, der von grausamer Gefangenschaft unterbrochen wird; er, der rasch einmal M. de Bonneval in Konstantinopel besucht und in Paris so nebenbei Voisenon, Fontenelle und Carlin kennenlernt und Schüler des alten Crébillon wird; dieser Herumtreiber, der den Bleigefängnissen entronnen ist und schließlich als Bibliothekar in einem alten böhmischen Schloß stirbt: dieser Casanova hat dort um 1797 im Alter von zweiundsiebzig Jahren seine *Mémoires* geschrieben, und zwar im besten und leichtesten Französisch, das auf natürliche Art dem des Zeitgenossen Bussy ebenbürtig ist.

Heinrich Heine

Eine andere Selbstbiographie erregt hier viel Interesse. Es sind die ›Memoiren von Jakob Casanova de Seingalt‹, die Brockhaus in einer deutschen Übersetzung herausgiebt. Das französische Original ist noch nicht gedruckt, und es schwebt noch ein Dunkel über die Schicksale des Manuskripts. An seiner Ächtheit darf man gar nicht zweifeln. Das *Fragment sur Casanova* in den Werken des Prinzen Charles de Ligne ist ein glaubwürdiges Zeugniß, und dem Buche selbst sieht man gleich an, daß es nicht fabrizirt ist. Meiner Geliebten möchte ich es nicht empfehlen, aber allen meinen Freunden. Italienische Sinnlichkeit haucht uns aus diesem Buche schwül entgegen. Der Held desselben ist ein lebenslustiger, kräftiger Venezianer, der mit allen Hunden gehetzt wird, alle Länder durchschwärmt, mit den ausgezeichnetsten Männern in nahe Berührung kommt, und in noch weit nähere Berührung mit den Frauen. Es ist keine Zeile in diesem Buche, die mit meinen Gefühlen übereinstimmte, aber auch keine Zeile, die ich nicht mit Vergnügen gelesen hätte. Der zweite Theil soll schon heraus seyn, aber er ist hier noch nicht zu bekommen, da, wie ich höre, die Zensur bey dem Brockhausischen Verlag seit gestern wieder in Wirksamkeit getreten ist.

Stefan Zweig

Casanova figuriert als Sonderfall, als einmaliger Glücksfall innerhalb der Weltliteratur, vor allem deshalb, weil dieser famose Scharlatan eigentlich genau so unberechtigt in das Pantheon des schöpferischen Geistes geraten ist wie Pontius ins Credo. Denn mit seinem dichterischen Adel steht's nicht minder windig als mit jenem frech aus dem Alphabet zusammengeklitterten Chevalierstitel de Seingalt: seine paar Verse, hastig zwischen Bett und Spieltisch zu Ehren eines Dämchens hinimprovisiert, muffeln nach Moschus und akademischem Leim, und wenn unser guter Giacomo gar zu philosophieren anfängt, tut man gut, sich die Kinnbacken gegen Gähnkrampf zu sperren. Nein, er gehört so wenig zum dichterischen Adel, Casanova, wie in den Gotha, auch hier Parasit, Eindringling ohne Rechte und Rang. Aber ebenso verwegen, wie er's zeitlebens zuwege bringt, als schäbiger Schauspielersohn, fortgejagter Priester, abgetakelter Soldat, anrüchiger Kartendreher, bei Kaisern und Königen zu verkehren und schließlich in den Armen des letzten Edelmannes, des Prinzen de Ligne, zu sterben, hat sein nachschweifender Schatten sich unter die Unsterblichen eingedrängt, obzwar kleiner Schöngeist scheinbar nur, unus ex multis, Asche im Streuwind der Zeit. Aber – kurioses Faktum! – nicht er, sondern alle seine berühmten Landsleute und sublimen Poeten Arkadiens, der ›göttliche‹ Metastasio, der edle Parini et tutti quanti sind Bibliotheksschutt und Philologenfutter geworden, indes sein Name, in ein respektvolles Lächeln gerundet, noch heute von allen Lippen schwebt. Und aller irdischen Wahrscheinlichkeit nach wird seine erotische Ilias noch Dauer und entzündete Leser finden, wenn längst ‹La Gerusalemme liberata› und der ‹Pastor fido› als würdige historische Antiquitäten ungelesen in den Bücherschränken stauben. Mit einem Coup hat der gerissene Glücksspieler alle Dichter Italiens seit Dante und Boccaccio überspielt.

Und noch toller: für so unendlichen Gewinst wagt Casanova gar keinen Einsatz, er hat schlankweg die Unsterblichkeit um ihren Preis geprellt. Nie erahnt dieser Spielmensch die unsagbare Verantwortung des wirklichen Künstlers.

D. H. Lawrence

Ich habe Casanova zu lesen versucht, aber er ist mir zu anrüchig. Man kann auf Moral pfeifen, wenn es einem Spaß macht, aber dabei muß man nicht zu einem kriechenden, kribbligen, rumfingernden, niederen Lebewesen werden, das fast nur von einer schmutzigen, schnüffelnden Art Neugier getrieben wird, ohne Stolz und ohne klare Seele. Ich finde, ein Mann muß Stolz haben, und zwar echten, natürlichen inneren Stolz. Ohne das stinkt die Gescheitheit nur. Aber ich werde die zerfledderten Bände so vorsichtig anfassen, wie es dieser *crotte* verdient.

Hermann Kesten

In den vierzig Jahren, von denen seine Memoiren berichten, nennt Casanova etwa einhundertsechzehn Geliebte bei Namen. Das ergibt kaum drei Geliebte im Jahr für einen Junggesellen, der unaufhörlich durch Europa reiste, Tausende von Menschen aller Klassen und Nationen traf und bekannt hat, er fühle sich fürs schöne Geschlecht geboren.

Aus seinen Erzählungen geht obendrein hervor, daß es ihm schwerer gefallen wäre, manchen der Mädchen zu entrinnen, als sie zu bekommen, daß er wenig wählerisch vor keinem Alter, Stand oder Opfer zurückschreckte, daß er viele mit Geld, Geschenken und Wohltaten bestochen, manche durch glückliche Zufälle gewonnen, andere freilich mit frechen Schlichen und Künsten und einer zuweilen verblüffenden psychologischen Finesse verführt hat.

Was macht ihn zum Prototyp aller Verführer? Die Technik? Die Leidenschaft? Das Füllhorn in seiner Hose (wie Barbey d'Aurevilly sagte)? War er ein Enzyklopädiker der sinnlichen Liebe? Ein Sexualathlet? Waren die Streiche und Kniffe seiner Verführungen so unübertroffen? War es die Intensität, mit der er seine wirklichen und angeblichen Verführungen betrieben und beschrieben hat? Oder hatte er gar neue Ideen auf diesem Feld, wo der rastlose Erfindungsgeist des Menschen so jämmerlich versagt hat?

In einer der Einleitungen zu den Memoiren, diesen Apologien zu einer zwölfbändigen Apologie, erklärte er, seine Memoiren nicht zu seinem Ruhme, sondern als *eine Satire auf sich selbst* geschrieben zu haben. Trotz seiner glühenden Sinnlichkeit wollte er nicht ein sinnlicher Mensch heißen; denn über der Sinnenlust (die zwar das Hauptgeschäft seines Lebens war) habe er nie seine Pflichten vergessen, wenn er welche hatte. Er sei ein unermüdlicher Amateur, aber kein professioneller Liebhaber oder Verführer gewesen.

Er war nicht extravagant wie Sappho oder gewisse Freunde des Sokrates. Seine Methode war nicht so schlagend wie jene des Marquis de Sade. Er war weniger raffiniert als Choderlos de Laclos in seinem Roman ›Liaisons dangereuses‹. Trotz den allzu pünktlichen und schier trockenen Tränen, die Casanova in den Memoiren bei jeder Gelegenheit vergießt, wetteifernd mit der literarischen Tränenflut seiner Freundinnen und Freunde, war er weniger gefühlsselig als J. J. Rousseau.

Vielleicht machte ihn eben die aufgeregte Banalität, mit der er die Liebe auffaßte und durchführte, so exemplarisch. Wie ein sturer Sportsmann betrieb er eigensinnig die sozusagen nackte Wiederholung des ewig selben Aktes am ständig wechselnden Objekt.

Das macht ihn so modern: diese stete nervöse Bereitschaft, die stürmische Kapitulation eines hingerissenen Athleten vor jedem wehenden Weiberrock, diese hyperbanale *idée fixe* eines in vielem Betracht potenten Mannes, daß er mit jeder reizenden Person weiblichen Geschlechts sich gleich begatten will.

Casanova hat vor allem durch literarische Mittel sich generalisiert und typisiert. Er war einer der gewaltigsten Selbstpropagandisten aller Zeiten.

Petru Dumitriu

Er spielte nie die ernsten Spiele der menschlichen Gesellschaft: Arbeit, Politik, Familie, Freundschaft, Kunst, Forschung, Organisation, Handel, Wettkampf. Er ging, jedesmal einen Skandal hinter sich schleppend, wie ein streunendes Tier eine an seinem Schwanz festgemachte Blechbüchse. Und jedesmal war es eine Übertretung irgendwelcher Spielregeln, die diesem Spieler nachschepperte. Er wußte, daß er überall gut aufgenommen würde – bis zum nächsten Skandal. Er war eigens dazu gebaut, überall willkommen und auf die Dauer nirgends gern gesehen zu sein. In die menschlichen Angelegenheiten, die manchmal so wohlgeordnet sind, daß sie unerträglich werden, brachte er durch sein bloßes Erscheinen erfrischende Zufälligkeit. Aber in dieselben menschlichen Einrichtungen, die den Zufall als ihren Feind auszuschließen trachten, brachte er durch seine bloße Anwesenheit Unordnung, stiftete Unfug, war ein Stein des Anstoßes. Die Angst vor dem Unbekannten, Ungeordneten, Ungeregelten, Irrationalen, gegen das Es, das unpersönliche, unmenschliche, unberechenbare Etwas, das uns umgibt und bedroht, strömte unsichtbar aus seiner Gestalt wie eine Pestilenz. So spricht man vom üblen Ruch, vom Anrüchigen, vom Verruchten. (...)

Wie Casanova seinen Namen eines Chevalier de Seingalt aus den Buchstaben des Alphabets willkürlich zusammensetzte, so setzte ihn die launische Natur aus mehreren, durch den Zufall durcheinander gewürfelten Stücken zusammen: aus dem Komödiantenkind, dem gescheiterten Literaten, dem Wunder von vegetativem Nervensystem, aus dem Zauberkünstler, dem Rufiano, dem Kartenspieler, dem genialischen Schriftsteller, dem edelmütigen und würdigen Naturkind und dem schuftigen Grandseigneur der Halbwelt, von jedem Mann von Ehre verabscheut und verachtet; aus einem Hanswurst und Schmarotzer der Großen, nicht zuletzt des Fürsten von Ligne, und einem hundertmal begabteren Künstler, als es Ligne war. Wie könnte man diesen großartigen Kerl nicht bewundern? Wie könnte man diesen lächerlichen Bajazzo nicht verachten?

Seine sogenannte Persönlichkeit war wie die Kleidung des Harlekin. Doch es gab sie. Sie bestand in einer Art von kraftvoller Abwesenheit. Es gab den Casanova nie. Er war eine Lücke, eine Leere, in die sich die Welt ergoß. Deswegen kann man sagen, daß er nichts war, dies jedoch mit enormer Kraft. Aus dieser Nichtigkeit strömte ein (momentan) unwiderstehlicher, nicht wegzuleugnender Glanz. Es war der Glanz der Welt in ihm.

Alberto Moravia

In diesen Memoiren findet sich keine Spur von dem, was damals europäische Kultur war. Natürlich, das Vulgäre im Innersten dieses Mannes wird dadurch gemildert, daß Casanova in einem außerordentlich verfeinerten, zivilisierten und gesitteten Jahrhundert lebte, es konnte sozusagen verheimlicht, gewissermaßen aufgehoben werden durch die Zugehörigkeit zu einer Gesellschaft, die nicht im geringsten vulgär war. Oder zumindest in einem anderen Sinne vulgär, dem der landwirtschaftlichen, vorindustriellen Lebensform; vulgär also im Hinblick auf das Privileg, die Macht, das Fehlen demokratischer Gegenseitigkeit.

Ich meine, daß wir es mit einem recht vulgären Manne zu tun haben, wenn er auch mit einer großen Vitalität, einer tierischen, sehr starken Vitalität ausgestattet war. Die Gestalt Casanovas ist im Grunde eine Erscheinung, die auf das beschränkt ist, was man, gesellschaftlich gesprochen, das weltliche Leben nennen könnte; sein einziger Bereich ist der der Weltlichkeit, die darin besteht, daß man am Leben der Gesellschaft in Form von Festen, Gelagen, Abendessen, Frühstücken, Kartenspielen, Theateraufführungen etc. teilnimmt.

Hermann Hesse

So hoch ich nun Casanovas prachtvolle Vitalität und auch seine literarische Leistung schätze, ein Genie würde ich ihn doch nicht nennen. Es fehlt diesem Virtuosen der Gefühle und großen Praktiker der Liebes- und Verführungskunst das Heldische, es fehlt ihm vor allem gänzlich jene heroische Atmosphäre von Vereinzelung und tragischem Abgesondertsein, ohne die wir uns das Genie nicht denken können. (...)

Erstaunlich und befremdend ist für uns vor allem die innige Verbindung von Virtuosität und Naivität in diesem gerissenen Lebenskünstler. Die Virtuosität verdankt er, nächst seiner kräftigen physischen Anlage und Leistungsfähigkeit, vor allem dem Umstande, daß ihm die endlosen, lähmenden und verdummenden Schuljahre erspart blieben, die wir heute für unerläßlich halten, um die Jugend zahm zu kriegen. Sehr früh, wie alle Männer seiner Zeit, tritt er ins Leben, wird selbständig, muß sich selber helfen, wird von Gesellschaft und Lebensnot, und nicht zuletzt von den Frauen, geformt und gedrillt, lernt Anpassung, lernt Spielen und Maskentragen, lernt List, lernt Takt, und da alle seine Gaben und Triebe sich nach außen richten und sich nur im äußeren Leben befriedigen können, wird er ein Virtuose der galanten Lebenskunst.

Friedrich Georg Jünger

Er ist weder romantisch noch sentimental oder ironisch. Diese drei Weisen des Gestimmtseins gehören dem 19. Jahrhundert an und sind um so widriger, je enger sie beieinander liegen, zeigen auch die zunehmende Brüchigkeit und Rissigkeit des Lebensgefühls an. Casanova ist zwar ein Anhänger des Naturrechts, aber Natur als solche beschäftigt ihn nicht. Seine Auffassung vom Naturrecht beschränkt sich darauf, daß er das Recht hat, seiner Natur zu folgen und sich ein Höchstmaß von Genuß zu verschaffen. Wo er das Bedürfnis hat, sich zu rechtfertigen, bringt er rationale Begründungen vor. Sie sind oft fadenscheinig, zeigen daher, daß er ihnen wenig Wert beimißt.

Er ist nie des Waldes wegen in den Wald gegangen. Er hat nie im Freien gebadet. Und wenn er in einer schönen Mondnacht neben einem Mädchen sitzt, wird er nicht den Mond bewundern. Gärten, Bäume, Tiere, Blumen beschäftigen ihn nicht. Er ist weder Jäger noch Fischer oder Gärtner. Seine Landschaft ist die Stadt, sein Garten die Gesellschaft, seine Blumen sind das weibliche Geschlecht. Er ist nicht sehnsüchtig, ist kein Schwärmer. In all dem ist er ein Kind seiner Zeit.

Von sich selbst sagt er, daß er stets nach Auszeichnung begierig gewesen sei und es stets liebte, die Aufmerksamkeit auf sich zu lenken. Das zeigt sich schon an seiner Kleidung. Die Mode gestattete den Männern damals prächtige Anzüge; sie trugen noch nicht die langen, zerknitterten Röhrenhosen, welche die Sanskulotten einführten, und den puritanischen englischen Anzug des 19. Jahrhunderts. Casanova übertrieb das Modische; sein

Auftreten erinnert an einen Pfauhahn. Er erscheint in Neapel in einem rosafarbenen, mit Gold gestickten Samtrock, der einem Herzog Komplimente entlockt. Nimmt man dazu die kostbaren Spitzen, den Degen, die Uhren, Tabatieren, Orden, Schuhschnallen – das alles mit Diamanten besetzt –, so ist leicht zu verstehen, daß er ein Vermögen am Leibe trug. Er ist eitel, ehrgeizig, neugierig, wißbegierig, schnell entflammt und schnell kühl. Leicht vergießt er Tränen, leicht gerät er in Wut, ist auch rachsüchtig und genießt seine Rache. Geistesgegenwart, Schlagfertigkeit und Mut sind ihm nicht abzusprechen. Seine Konstitution ist gut, sein Temperament sanguinisch-cholerisch, sein Appetit vorzüglich. Er war immer ein Feinschmecker, und das Ancien régime erfüllte alle Wünsche in dieser Hinsicht. Wer darüber Auskunft haben will, muß die ›Physiologie du goût‹ von Brillat-Savarin oder den ›Almanach des Gourmands‹ von Grimod de la Reynière einsehen. Er schätzte auch an den Frauen den guten Appetit und hegte keine Neigung für magere, bleichsüchtige und problematische Wesen.

In seinen Neigungen ist er Italiener und ein heiler Mensch, was hier heißt, daß kein innerer Bruch seine Bewegungen hemmte. Seine Leidenschaft ist zugleich pathetisch und rhetorisch. Auch steckt in ihm ein Prediger, der bald sich, bald anderen predigt. Die Sprache der Leidenschaft ist bei ihm feurig und rosa, bilderreich und durchsetzt mit griechischer und römischer Mythologie, woran sich zeigt, daß sie heidnisch ist wie alle Lust.

Manès Sperber

Wie der etwa 15 Jahre ältere Saint-Germain oder der 18 Jahre jüngere Cagliostro, war auch der Chevalier de Seingalt ein rastloser Wanderer, von einer unheilbaren *psychopathia vagans* ohne Unterlaß umhergetrieben. Überall in Europa hatte er Rendezvous mit dem Glück, mit reichen oder zumindest einflußreichen Männern, denen er Botschaften brachte und die er amüsieren und im Spiele rupfen konnte, und mit Frauen, die zu seinem und zu ihrem eigenen Ruhme von ihm ›erobert‹ werden wollten. Zwar hatte er früh genug sein Schäfchen ins Trockene gebracht, in Frankreich ein Vermögen verdient mit jener Lotterie, für deren Erfindung die Franzosen ihm heute noch dankbar sein müßten, da sie auch gegenwärtig kaum eine Woche ohne sie auskommen können.

Fast alle diese Glücksritter endeten schlecht, in Armut. Ihr Licht hatte wie ein Stern geleuchtet, es erlosch wie eine Ölfunzel, die niemand beachtet, weil der Tag längst angebrochen ist. Casanova verlebte die letzten 18 Jahre in Dux als Schloßbibliothekar des Grafen Waldstein, der ihm ein Jahresgehalt von 1000 Florin zahlte. Von steter Langeweile gequält, überwarf er sich mit den anderen Angestellten dieses Nachkommen Wallensteins, wurde schließlich ihr unversöhnlicher Feind und rächte sich an ihnen in Pasquillen, die er gegen den Koch, gegen die Wäscherin, gegen alle schrieb. Er verfaßte auch, nach so vielen anderen Schriften, das ›Selbstgespräch eines Denkers‹, darin er gegen die Abenteurer, besonders aber gegen Cagliostro wetterte. Er schrieb viele Briefe, von denen nicht wenige ohne Antwort blieben, so im Jahre 1793 an Robespierre, 1797 an einen sächsischen Minister, dem er nahelegte, versuchsweise den ersten Band der ›Geschichte meines Lebens‹ zu veröffentlichen.

Doch was ist ein Wind, der zu blasen aufgehört hat? Was ist ein Verführer, der niemanden mehr verführt und kaum noch jemanden interessiert?

Casanova, der 73jährig starb, glaubte sein Leben lang an die Macht der Verführung und an ihre Unwiderstehlichkeit und daran, daß er selbst ein Verführer war, ein halbes Jahrhundert lang. Aus dieser Gewißheit heraus schrieb dieser Skeptiker seine Memoiren, die in ihrer Art ein Meisterwerk sind; das ist heute gewisser als vor 170 Jahren. Jetzt erst weiß man, daß er recht wenig geflunkert und in allem Wesentlichen die überprüfbare Wahrheit geschrieben hat. Uns erscheint indes der Verführer und seine eigenartige Kunst anders, merkwürdig verwandelt, weil desaktualisiert.

Moderne Casanovas plaudern aus der Schule

Drei Gespräche
von Liliana Betti
und
Gianfranco Angelucci

EIN ERBE DER VITELLONI

Gespräch mit Marino Pracucci, genannt »Rino de Beurre«

Frage: Warum haben Sie Ihren Namen in Rino de Beurre geändert?

de Beurre: Pff, wegen der Mädchen, laß mal...

Frage: Das heißt, Sie stellen sich den Mädchen als Rino de Beurre vor?

de Beurre: Ich habe ihn zweimal benutzt, um die Wahrheit zu sagen... und das hat gut geklappt.

Frage: In welchem Sinne?

de Beurre: Es hat geklappt in dem Sinne, den man sich vorstellen kann, nicht? Ich habe den Namen gesagt, nicht, ich habe gesagt, ich bin der und der, ich heiße Rino de Beurre, das sind meine Fotografien (die habe ich gemacht und die sind ganz gut geworden, na ja, laß mal, nicht schön, aber immerhin...) Da sagt dies Mädchen: »Aber schade, daß du keinen Bart hast.« »Warum?« »Weil wenn du einen Bart hättest, sähest du aus wie Bud Spencer.« »Na, immerhin gefällt dir dies Foto. Gefalle ich dir auch?« »Ja, aber gib mir noch ein Autogramm...« Also geb ich ihr eine Unterschrift auf die Rückseite und sie sagt: »Warte hier auf mich.« Ich warte fünf Minuten, zehn Minuten, sie erscheint vor mir völlig nackt...

Frage: Wart ihr im Hotel?

de Beurre: Nein, nein, bei ihr zu Hause. Sie hatte alles da, alle vorstellbaren Schnapssorten. Ich kenne mich in Schnaps aus, aber Chivas hatte ich noch nie getrunken. Also sie gießt mir diesen Chivas ein, ich trink davon zwei Gläschen, da war ich ein bißchen angedingst, nicht, danach bin ich an den Kühlschrank gegangen, habe ein Fläschchen Fruchtsaft geholt, und ganz zufällig war auf dem Kühlschrank eine Truthahnfeder, nicht, also ich gieße ihr den Fruchtsaft über den Körper und fange inzwischen an, zu lecken und zu machen, und unterdessen mit der Truthahnfeder im Nacken. Das war eine heiße Sache, eine gute Sache also, laß mal.

Frage: Sie haben sich das mit der Truthahnfeder einfach so ausgedacht?

de Beurre: Einfach so, einfach so. Das war so ein Einfall, einfach so.

Frage: Und sie?...

de Beurre: Ich hab's ihr viermal gemacht...

Frage: Viermal hintereinander?

de Beurre: Viermal hintereinander! Eine wirklich irre Sache, laß mal, eine unheimlich schöne Sache.

Frage: Diese Technik, haben Sie die nachher auch bei anderen Frauen angewandt?

de Beurre: Bei ihr allein, keiner andern.

Frage: Wie oft pro Tag können Sie einen Beischlaf machen?

de Beurre: Mindestens, ich weiß nicht, viermal.

Frage: Pro Tag?

de Beurre: Pro Tag.

Frage: Wenn Sie nun aber Frauen hätten, eine anders als die andere, wie oft ginge es dann?

de Beurre: Ich kann auch sieben – acht machen, neun, zehn.

Frage: In 24 Stunden?

de Beurre: Na, wenn ich die Frauen wechsle, ja! Das hilft noch mehr, das hilft.

Frage: Haben Sie jemals von Casanova gehört?

de Beurre: Ich habe von dem Film von Fellini gehört, den er jetzt macht, nicht wahr, die Liebschaften von Casanova.

Frage: Wenn wir von Fellini mal absehen, wer war Ihrer Meinung nach Casanova?

de Beurre: Das war, sagen wir's mal so, ein Playboy, so wie ich jetzt einer bin, nicht?

Frage: Sie betrachten sich als Casanova?

de Beurre: Bei den Frauen, ehrlich gesagt, ja.

Frage: Wenn Sie wollen, bekommen Sie jede, die Sie treffen, ins Bett?

de Beurre: Ja, ja.

Frage: Und wovon hängt das Ihrer Meinung nach ab? Ich meine, mit was für Qualitäten haben Sie denn Erfolg?

de Beurre: Das werden meine persönlichen Gaben sein, laß mal.

Frage: Das heißt, welche?

de Beurre: Zunächst mal, um ein Gespräch anzufangen, sagen wir mal so, mit einer Frau muß man erst mal reden, laß mal. Wenn du mit einer Frau nicht redest, schaffst du nichts. Mir ist das neulich passiert, ich habe ein Mädchen in einer Bar gesehen.

Frage: Wo?

de Beurre: Immer in Rimini. Rimini ist mein Jagdrevier. Also in dieser Bar sehe ich dieses Mädchen mit einem Minirock, hübsch, dunkel, lange Haare. Wenn ich ein anderer wäre, mal so gesagt, hätte ich mich hingesetzt und sie andauernd angeguckt. Sie hatte zwei schöne Beine, und man konnte gerade so ein bißchen die Schlüpfer sehen. Aber ich bin nicht so, daß ich mich am Angucken begeistere, ich fange sofort zu reden an: »Guten Tag, Signorina, wollen Sie was trinken? Hätten Sie gern eine Zigarette? (Die wirft man auf den Tisch, so.) Na, trinken wir noch was und hin und her, also wie geht's? Wo wohnen Sie?« Wir fangen zu reden an. Je besser einer mit dem Mundwerk ist, desto größere Vorteile hat er. Wir gehen also raus, machen einen Spaziergang, gehen in ein Kino. Du versuchst, sie in ein Kino zu kriegen, wenn sie vielleicht dagegen ist, versuchst du's noch mal, solange bis sie weich wird.

Frage: Das ist die erste Phase, und wie sehen dann die Versuche im Kino aus?

de Beurre: Mit den Händen, mit dem Mund, wohl auch ein Küßchen ins Ohr.

Frage: Die Ohren sind eine wichtige Sache?

de Beurre: Ja, ja, denn die Ohren sind die einzige Sache, die ganz schnell zieht. Zum Beispiel, wenn ich jetzt hier eine Frau hätte, die ich nie gesehen oder gekannt hätte, sie hätte aber, sagen wir mal, ich weiß nicht, ein bißchen Zutrauen zu mir, der würde ich versuchen, die Zunge ins Ohr zu stecken.

Frage: Ganz plötzlich?

de Beurre: Ganz plötzlich, ganz plötzlich.

Frage: Wissen Sie denn solche Sachen aus Erfahrung?

de Beurre: Aus Erfahrung.

Frage: Aber wenigstens ein bißchen vorher mit den Händen...

de Beurre: Neiiin!! Mit den Händen, das bringt nichts.

Frage: Vielleicht bemerken die Frauen irgendwas an Ihnen.

de Beurre: Man bemerkt das sofort, auch wenn ich die Hosen anhabe.

Frage: Also was, einen Ständer?

de Beurre: Klar. Die Zentimeter sieht man später. Nackt...

Frage: Wer wäre für Sie die ideale Frau?

de Beurre: Zählen auch Schauspielerinnen, mal so gesagt?

Frage: Sicher. Alle.

de Beurre: Die einzige Frau für mich wäre... Laura Antonelli.

Frage: Warum?

de Beurre: Ich hab eins kapiert. Ich habe Filme mit ihr gesehen, vielleicht besagen Filme nichts, aber man sieht doch gleich die Person, wie sie sich ausdrückt. Ich hab kapiert, daß Laura Antonelli besser als jede andere beliebige Schauspielerin ist, weil... sie hat... ich weiß nicht...

Frage: Denken Sie jetzt nicht an Laura Antonelli. Was muß eine Frau haben, um Ihnen zu gefallen?

de Beurre: Sie muß vor allem ein schönes Äußeres haben... sie muß gegenüber jedermann gute Manieren haben, nicht... zum Beispiel muß sie ungezwungen sein, mal so gesagt...

Frage: Und welches müssen die körperlichen Eigenschaften sein?

de Beurre: Ich achte nicht auf solche Sachen da. Ich achte nicht darauf, ob eine größere Titten hat und die andere kleinere Titten; aber die sind besser, die kleinere Titten haben...

Frage: Also für Sie ist die ideale Frau die, die einen kleinen Busen hat?

de Beurre: Einen normalen Busen, also.

Frage: Dann?

de Beurre: Daß sie gute Beine hat, schöne Schenkel, also... das hier muß normal sein (er faßt sich an die Wade). Wenn die Wade zu dick ist, das ist nicht gut. Dann weiter nach oben zu muß es ein bißchen dicker sein.

Frage: Fleischige Schenkel. Und hinten wie?

de Beurre: Tja, von hinten wissen alle, daß...

Frage: Sie achten nicht so auf diese Partie, oder?

de Beurre: Ich habe diese Partie nie beachtet, um die Wahrheit zu sagen.

Frage: Sie sagen, daß Ihnen kleine Busen gefallen. Aber die Antonelli...

de Beurre: Nein, der von der Antonelli ist normal. Der ist nicht dick. Die ist keine Sexbombe. Aber wenn Sie Ursula Andress nehmen, dann reden wir von was anderem. Die hat wirklich einen schönen Busen. Sie nehmen, ich weiß nicht, Claudia Cardinale, die hat zwei dicke Titten, man sieht alle Adern. Während dagegen Laura Antonelli zwei Tittchen hat, sagen wir mal so, aber hübsch, ein Busen, der ganz gut ist.

Frage: Und wie müßte Ihre Frau sein?
de Beurre: Jetzt zu heiraten, daran denke ich nicht. Aber was die Ehefrau angeht, das ist schwierig, sehen Sie, denn heutzutage findet man keine Frauen, sagen wir mal, fürs Haus, für die Familie, die findet man nicht mehr. Im Gegenteil, meine Mamma hat mir einen Rat gegeben, sie hat zu mir gesagt: »Kümmere dich nicht um die aus der Stadt, denk daran, aufs Land zu gehen; Bäuerinnen, die bearbeiten das Land, das ist leichter.« Aber ich habe eines kapiert, ich habe angefangen, sagen wir, eine Zeitlang auf dem Lande herumzustrolchen, aber ich habe kapiert, daß die vom Lande schlechter sind als die aus der Stadt. Die machen die schmutzigeren Sachen sofort. Wenn die aus der Stadt vierzehn Tage warten, sind die in zwei Tagen...
Frage: Ist Ihnen auf dem Lande irgendein Abenteuer zugestoßen?
de Beurre: Auf dem Lande? Auf dem Land habe ich mir so ungefähr Stücker dreißig aufgerissen, hier herum, in der Gegend von Santarcangelo.
Frage: Welches war das merkwürdigste Abenteuer?
de Beurre: Das merkwürdigste ist gewesen... in Corpolò. Ich war mit einem Freund von mir rausgefahren, sagen wir, um da nach Futter zu suchen, also da sagt dieser Freund zu mir: »Ich muß mal auf einen Sprung nach San Marino, wartest du hier auf mich?« »Ah, ja, ja. Wenn ich nicht hier bin – sage ich –, mache ich einen kleinen Spaziergang.« Also ich gehe in eine Bar, eine Trattoria, trinke ein Glas Wein, und hinter dem Tresen war eine Frau, schön... sie war nicht schön, das ging so, laß mal, also für eine Frau vom Land. Und also, was ist passiert, ich habe angefangen zu reden, nicht damit sie mit mir ins Bett geht, Gott bewahre. Sie geht weg, weiß nicht, geht in den Keller, um einen Ballon Wein raufzuholen, und in der Zwischenzeit war hinter dem Tresen ich weiß nicht wer, ihr Bruder, ihr Mann. Da plötzlich: »Entschuldigung – sagt dieser Mann zu mir – können Sie mal in den Keller runtergehen, da ist die Barfrau, die schafft den Weinballon nicht rauf.« Also da sieht man, daß das vielleicht ein Vorwand war. »Ah ja, ja, ich gehe runter, wo geht's denn lang?« »Komm mit mir mit.« Ich gehe hinterher, schließe die Tür... Sie, ich weiß nicht wie, war unten, sie war nackt ausgezogen, im Keller! Neben dem Weinballon war ein Sack Mehl, sie hatte sich daraufgelegt, auf diesen Sack Mehl, nackt: »Komm rauf, ich halt's nicht mehr aus, ich habe noch nie so einen anziehenden Jungen wie dich gesehen!« Wenn ich anziehend bin, sage ich. »Ah, das ist gut.« Also habe ich keine Zeit verloren...
Frage: Da waren Sie gleich bereit...
de Beurre: Sofort, ja sofort; sobald ich sie nackt sah... oh, ich habe mir die Hosen ausgezogen...
Frage: Wer weiß, wie oft Sie es gemacht haben...
de Beurre: Nein, zweimal, weil ich Angst hatte, daß jemand käme. Also habe ich eine schnelle Nummer gemacht.
Frage: Können Sie das eigentlich immer, in jedem beliebigen Augenblick?
de Beurre: Ja, ja, in jedem beliebigen Augenblick, ich kann's immer.
Frage: Haben Sie nie versagt?
de Beurre: Versagt, nie. Aber ich kann Ihnen eines sagen, daß die Frauen bei mir sehr auf ihre Kosten kommen. Einer, der gleich kommt, ist kein Ficker, um's mal so zu sagen; während dagegen die Frau genießen muß, schmachten muß. Also muß der Mann zögern zu kommen. Ich bin so, ich meine, ich komme, wann ich will, wenn ich sehe, daß die Frau es nicht mehr aushält, komme ich.
Frage: Wie machen Sie das denn?
de Beurre: Ich denke immer an Bier. Vielleicht auch, sagen wir mal, an Filme, vielleicht Banditenfilme; ich denke an Kriminalfilme, und also dann, wenn ich sehe, daß sie nicht mehr kann... Wirklich, ich habe zu Hause ein Band, nicht, eine Kassette... die ist irre. Als ich in Rimini bei einer war, habe ich das Mikrophon unter das Bett gestellt, während sie auf der Toilette war und sich wusch. Ich habe das Mikrophon unter das Bett gestellt, und da sind alle Nummern drauf, die ich geschoben habe...
Frage: Was ist für Sie die Frau?
de Beurre: Die Frau ist für mich alles, ich meine, die Frau ist für mich alles. Dann natürlich das Geld, denn ohne Geld kannst du nicht leben, und ich wäre der größte Mann auf der Erde. Ich zum Beispiel träume jede Nacht davon... zum Beispiel, wenn ich mit Laura Antonelli ins Bett könnte, schauen Sie, ich sage die Wahrheit, wenn ich mit Laura Antonelli ins Bett könnte, dann würde ich am liebsten, um's mal so zu sagen, wie sie's hier sagen, mir's auch in den Hintern machen lassen, ja wirklich!

Frage: Ist Ihnen das schon passiert?

de Beurre: Ich sage die Wahrheit, ein einziges Mal. Das ist so gewesen, daß ich nach Rimini mußte wegen Geschäften. Ich gehe also zur Krankenkasse, um das Versicherungsheftchen in Ordnung zu bringen, und als ich zum Autobus rauskomme, war noch ein bißchen Zeit. Also sage ich so bei mir: »Machen wir einen Bummel, da vergeht die Zeit.« Also mache ich einen Bummel, dahin, dorthin, und komme zufällig und ganz unabsichtlich in die Bar, wo die Nutten verkehren. Ich trinke ein Bier, setze mich, nehme die Zeitung, fang an zu lesen. Nach einer Weile kommt ein Mädchen aus Bologna zu mir ran, die ich schon kannte, und sagt: »Kann ich mich setzen? Gibst du mir hundert Lire, da können wir Platten hören.« »Was du willst, ich zahle...« Und sie hat sich da hingesetzt. Und da sagt sie: »Entschuldige mal, lies doch nicht die Zeitung, rede mit mir; dein Vogel, ist der noch in Ordnung?« »Bis jetzt ist er immer in Ordnung gewesen, es sei denn... er ist ganz plötzlich kaputtgegangen.« »Uuuuuh, wollen wir probieren gehen?« »Und wo?« »In meiner Wohnung.« Beim Aufstehen vom Tisch, als wir aus der Bar rausgehen... nahe an der Tür war da ein Marokkaner, der sagt: »Paß auf, wenn du sie fickst, fick ich dich in den Arsch.« Aber er sagte es lachend, und ich hab mir nichts dabei gedacht. Und wir kommen in der Wohnung von ihr an; ich schließe die Tür... sooft man den Schlüssel umdrehen kann, habe ich herumgeschlossen. Sie fängt also an sich auszuziehen, sie legt ›Abat-jour‹ auf, die berühmte Platte (er singt). Ich fang also an, ein bißchen zu fummeln. Sagt sie: »Schmeiß dich drauf!« Du Dose der Madonna, ich habe mich draufgeschmissen. Ich hatte nicht Zeit, zwei Runden zu machen, da fühle ich zwei Hände hinten an meinem Hals; ich sage: »Das wird sie sein.« Dagegen fühle ich nach einer Weile was, auch von hinten. Ich überlege also, was los ist, und bemerke, daß der da ist. »Aber wie bist du denn hier reingekommen?« Er war durchs Fenster gekommen, nicht, er hatte sich die Schuhe ausgezogen, war hochgeklettert, war reingekommen, und ich hatte ihn nicht einmal gehört. Das schöne ist, daß er zu mir sagt: »Fick zu, fick zu, da hast du doppelt was davon.« »Ah nein, jetzt sind wir zu dritt, das ändert die Sache. Wenn du sie ficken willst, fick sie, ich mach mir's da lieber mit der Hand. Sonst fickst du jetzt, und ich beackere sie danach.« Er hat sie gefickt. Danach geht er weg. »Sag mal, diese Scherze hier gefallen mir nicht.« »Ach laß doch, das ist doch nur so ein Scherz gewesen, um zu sehen, wie du reagierst.«

Frage: Hatte er ihn denn schon reingesteckt?

de Beurre: Ja, ja, völlig... also das Rote. Aber man sagt ja, wenn das Rote drin ist, ist alles drin.

Frage: Und wie lange war er drin?

de Beurre: Eine Minute ist das gewesen, nicht einmal, laß mal.

Frage: Aber danach haben Sie es mit der Frau fertiggemacht?

de Beurre: Dann habe ich es zu Ende gebracht, als er weggegangen war. Ich habe ihr fünf Nummern gemacht.

Frage: Wie lange jede?

de Beurre: Ja, eine Stunde, anderthalb Stunden.

Frage: Sie halten so lange aus?

de Beurre: Fünf Nummern sind für mich fünf Stunden, sie können auch zehn Stunden sein, sie können auch zwei Stunden sein. Ich komme, wann es mir gefällt.

Frage: Vertrauen Sie sich denn den Frauen an, im Bett?

de Beurre: Im Bett ja. Manchmal sind da so welche, so erloschene Typen, sagen wir mal, auch so zaghafte Typen, wenn die mich was fragen, sag ich's ihnen. Dann gibt's die, die reden, ich erkenne sie sofort, also ich rede nie.

Frage: Negerinnen haben Sie nie gehabt?

de Beurre: Nein, nein.

Frage: Ausländerinnen?

de Beurre: Ausländerinnen nie, weil ich keine Fremdsprachen kann, also ist das schwierig.

Frage: Vornehme Frauen?

de Beurre: Nein, immer normale Leute, die Frauen des Ortes. In Mailand (ich bin in Mailand gewesen, gar nicht lange, drei Tage) habe ich in drei Tagen mir die Sekretärin eines Sängers aufgetan unter dem Vorwand, ich wollte die Schallplattenfirma besuchen. Ich habe mir die Sekretärin eines Unternehmens aufgetan, wo die Filmbüros sind, nicht? Da ist die Titanus, da ist die Ceiad, alle die Firmen. Und dann habe ich mir zwei kleine Mädchen von 19 bis 20 Jahren aufgerissen...

Frage: Kinder nie?

de Beurre: Kinder nie. Mindestens 18 bis 19 Jahre.

Frage: Masturbieren Sie?

de Beurre: Ich bin ehrlich, es ist genau vier Jahre, daß ich's mir nicht mehr selber mache.

Frage: Und mit der Antonelli machen Sie was?

de Beurre: Ich habe es schon gesagt: ich träume jede

Nacht von ihr. Aber ich mach's mir nicht selber, am Morgen, wenn ich aufwache. Ich wache auf und bin klatschnaß. Also das heißt, ich komme; ich träume es, oder im Traum mache ich vielleicht das da, mache ich das andere, und ich bemerke nicht, daß ich komme.

Frage: Welches war der letzte Traum mit der Antonelli?

de Beurre: Der letzte Traum, den ich hatte, war ein bißchen unschön. Ich habe geträumt, daß sie sie umgebracht hätten. Sie war zu Hause, bei sich zu Hause, mit ihrem Mann. (Sie ist verheiratet, lebt getrennt, nicht? Mit Enrico Piacentini.) Ich habe geträumt, daß die beiden gestritten hätten. Nach diesem großen Streit, habe ich geträumt, hat der da, ihr Mann, ein Jagdgewehr genommen und geschossen. Das war's, es war der einzige schlechte Traum, den ich von ihr gehabt habe.

Frage: Und ein schöner Traum?

Marino Pracucci
«Ein Gläschen, das Gespräch und das Ohr.»

de Beurre: Der schönste Traum zweifellos mit ihr ist der gewesen, wo ich mit ihr ins Bett gegangen bin, im Traum. Das Zusammentreffen war in Rom. Ich habe geträumt, daß Signor Guerra mich nach Rom gebracht hätte...

Frage: Tonino Guerra, der Drehbuchautor?

de Beurre: Ja der; er ist aus Santarcangelo. »Komm mit, ich gebe dir alle Frauen, die du willst, du bist ein sympathischer Junge, der's verdient«, sagt er zu mir. Und da sage ich: »Ich möchte Laura Antonelli.« »Ah ja? Komm her, ich gebe sie dir sofort.« Und da, ich weiß nicht, sind wir 10 bis 20 Meter mit dem Auto gefahren, und er hat mich gleich zu ihr gebracht, im Traum... Das Haus war groß, sehr schön, gelb, gelb mit grünen Gesimsen, mit einem schönen Gartenzaun. Laura Antonelli erscheint, sie kommt die Tür aufmachen... sie hatte nur das Nachthemd an, darunter war sie nackt, und ich bin vor ihr auf die Knie gefallen. Und Guerra sagt zu mir: »Auf, auf, komm steh auf. Du bist doch kein Niemand, daß du gleich so auf die Knie fällst, wenn du sie siehst.« Also gebe ich mir einen Ruck, ich stehe wieder auf, und dann hat sie uns ins Schlafzimmer geführt. Dann ist Guerra weggegangen, und man hat ihn nicht mehr gesehen. Und da haben wir angefangen, von diesem und jenem zu sprechen, wie's geht und wie's nicht geht, was machst du Schönes und hier und da, würdest du gern mit mir schlafen. Als sie das gesagt hatte, habe ich nichts mehr kapiert und bin ihr auf den Leib gerückt.

Frage: Wann haben Sie begonnen, sich für Frauen zu interessieren?

de Beurre: Als ich zur Schule kam, mit sieben Jahren. Wir gingen aufs Klo und machten so Spielchen. Sie machte es mir eben mit dem Händchen, und ich machte es ihr mit dem Fingerchen in der Schule, um es mal so zu sagen...

Frage: Denken Sie, daß Sie ein guter Ehemann wären?

de Beurre: Ja. Denn die Frau, wenn sie heiratet, wenn du eine Frau heiratest, will die Frau von dir unterhalten werden, ich meine, mit dir schlafen will sie immer, fortwährend, vielleicht einmal am Morgen, zweimal am Mittag, dreimal am Abend. Während dagegen, wenn du's ihr einmal die Woche machst, die Frau hat fortwährend Lust drauf, sagen wir mal...

Frage: Ihrer Meinung nach hat die Frau immer Lust darauf?

de Beurre: Jede Frau.
Frage: Also wenn einer sie nicht zufriedenstellt...
de Beurre: Dann reißen sie dir zwangsläufig von zu Hause aus und setzen dir Hörner auf, nicht?
Frage: Was schätzen Sie am meisten an einer Frau?
de Beurre: Als erstes schätze ich am meisten, wie sie redet, auch wenn sie häßlich ist. Auch wenn sie häßlich ist, aber gut redet, dann erregt mich das, es gefällt mir; wenn eine sehr gut redet, kann sie häßlich sein, wie sie will, mit so einer macht das Lieben mehr Spaß als mit einer schönen Frau und mit einer, die nicht gut reden kann.
Frage: Haben Sie jemals mit einer alten Frau geschlafen?
de Beurre: Mit einer alten Frau nie.
Frage: Die Frau, mit der Sie jetzt zusammen sind, wie alt ist die?
de Beurre: Es ist wahr, sie ist 55 Jahre, aber man sieht es ihr nicht an.
Frage: Und was schätzen Sie an ihr?
de Beurre: Für sie empfinde ich nur Mitleid. Ich tu's nicht zu meinem Vergnügen, ich mach es aus Erbarmen für sie, weil... ich weiß, daß es ihr nur mit mir gefällt, das habe ich kapiert. Während dagegen mir nicht. Und also zum Beispiel morgen, da ist Mittwoch, und ich habe den ganzen Tag frei, morgen nachmittag kriege ich's fertig und gehe hin und besuche sie und mache ihr eine Nummer oder zwei.
Frage: Also Sie kriegen es fertig, es auch aus Mitleid zu machen...
de Beurre: Auch aus Mitleid, aber ich krieg's fertig. Wenn ich also, sagen wir mal, mit ihr schlafe, mach ich die Augen zu, guck sie nicht an. Oder ich nehme auch eine Sexzeitschrift, und so beim Durchblättern dieser Sexzeitschrift schaffst du's besser bei einer, die dir nicht gefällt.
Frage: Haben Sie jemals um eine Frau geweint?
de Beurre: Nein, das ist mir nie passiert.
Frage: Was ist Ihr erstes Abenteuer gewesen?
de Beurre: Ich erinnere mich, daß ich elf Jahre war. Das ist das erste Mal gewesen. Es war so was wie der Vorabend vor Fronleichnam, und ich erinnere mich, daß ich zu Hause gebadet hatte... Die Mamma sagt zu mir: »Rino, sei brav, geh rauf zu den Mönchen und beichte, morgen ist Fronleichnam...« »Ja, Mamma, ich gehe.« Als ich bei der Abzweigung zu den Mönchen war, höre ich hinter mir eine Stimme rufen: »Rino, Rino, warte, wohin gehst du denn so eilig?« Und ich laufe weiter. Dann noch mal: »Rino, Rino, bleib doch stehen!« Ich dreh mich also um, ich sehe die da (das ist eine, die jetzt in der Schweiz arbeitet). Sie sagt zu mir: »Wo gehst du denn hin?« »Ich gehe beichten.« Sie war schon groß, ich war elf, sie war sechzehn und sagt zu mir: »Warum gehst du beichten?« »Weil morgen Feiertag ist, es ist Fronleichnam.« »Es ist doch erst halb fünf, Gott behüte, du kommst schon noch zurecht, nein? Komm, wir machen einen kleinen Spaziergang.« Also da sind wir hinter die Klostermauer gegangen. Sie sagt zu mir: »Kannst du fünf Minuten auf mich warten, ich muß mal ein kleines Geschäft machen?« »Mach's gleich für mich mit.« Es vergehen fünf Minuten, sie kommt nicht, es vergehen zehn Minuten, sie kommt nicht, es vergeht eine halbe Stunde, sie kommt nicht, und ich immer dort und warte. Also habe ich mich entschlossen, mal nachzusehen. »Ah, endlich! Du brauchst aber Zeit zum Kapieren.« Sie war da, hatte die Kleider auf die Erde gelegt. Sie hatte nur die Schlüpfer an, den Büstenhalter hatte sie abgenommen. »Komm, spielen wir ein bißchen, machen wir ein bißchen so Sachen, ehe wir beichten gehen. Bloß darf man die Sachen hier« – sagt sie zu mir – »den Mönchen nicht sagen.« »Und warum?« »Ach, das geht nicht.« So viel steht fest, daß ich nichts mehr gesehen habe, ich habe mich auf sie geworfen. Ich wußte nicht, wie man's macht, es war das erste Mal. Ich sehe also, daß sie mir die Hände um den Hals legt und mich zu streicheln beginnt, und ich sage: »Ist es gut so? Ist es gut so?« Und sie antwortete nicht.
Frage: Das Mädchen hatte immer noch die Schlüpfer an?
de Beurre: Ich habe ihr die Unterhose ausgezogen, mein Gott! Sie sagt zu mir: »Komm, hör auf, los! So geht es nicht; siehst du nicht, daß du ihn in ein Loch von einer Wurzel gesteckt hast!!« Ich hatte ihn in ein Wurzelloch gesteckt, und ich hatte große Lust abzuhauen. Und da: »Entschuldige, es ist das erste Mal, du weißt, wie das ist. Wie muß ich's denn machen?« sage ich. »Mach's so, laß, warte; hast du einen Kamm in der Tasche?« »Ja, einen Kamm habe ich, was soll ich damit?« Ich ziehe also den Kamm aus der Hose und fange an, das Fellchen ein bißchen zu kämmen, nicht? »Oh, jetzt sehe ich!« Ich hatte einen Ständer, guter Gott! Und da habe ich's ihr also gemacht. Geschwitzt habe ich das erste Mal, sie war Jungfrau.

Frage: Fühlen Sie sich wohler in der Gesellschaft von Frauen oder von Männern?
de Beurre: Zum Reden ziehe ich die einen wie die anderen vor, um einen Abend miteinander zu verbringen. Mir gefällt es sehr, von aktuellen Sachen zu reden, wollen wir mal sagen; die Sachen, die heutzutage passieren, was man tun muß, um zu versuchen, die Kriminalität zu beseitigen, die's gibt. Ein System hätte ich, nicht allein ich, darüber haben alle nachgedacht. Ich meine, um's mal so zu sagen, die Zuchthäuser heutzutage muß man beseitigen, weil sie heute keine Zuchthäuser mehr sind. Heute haben die Fernsehen, haben Permaflexmatratzen, die lassen einmal die Woche die Frau rein. Also diejenigen, die das Mistzeug da machen, das ist nicht Zuchthaus. Das wahre und eigentliche Zuchthaus ist, sie für drei Monate in eine Isolierzelle zu stecken, ins Dunkle, ohne das Sonnenlicht zu sehen und bei Wasser und Brot und Schlägen auf den Rücken.
Frage: Meinen Sie, daß das was einbringt?
de Beurre: Das bringt was ein, das bringt was. Und wenn es nichts bringt, machen wir was. Denn der, der heute zehn Lire klaut, das Kind, das zehn Lire klaut, klaut morgen eine Million. Also muß man sich ein für allemal darauf einigen zu sagen: es reicht, es reicht. Heute sind die hingegangen und haben zum Beispiel 15 Millionen geklaut. Ja, die Polizei hat die Pflicht, Nachforschungen anzustellen, die Polizei arbeitet; viele Male fordert die Polizei Hilfe bei Interpol an; aber auch in Fällen von Beschlagnahmen hat die Polizei gebundene Hände, also kann sie nichts machen. Das liegt bei der Regierung, das liegt bei der Kammer, die muß dieses Problem hier entscheiden. Um's mal so zu sagen, wenn die ein Attentat machen, irgend sowas, und wenn man die Kerle schnappt, fängst du an, dem einen eine Hand abzuschneiden, dem nächsten eine Hand... Das kann auch mein eigener Sohn sein, wollen wir mal sagen; andernfalls schneide ich ihm selber den Kopf ab.
Frage: Und wenn das eine Frau wäre?
de Beurre: Nein, einer Frau nicht; eine Frau ist nicht imstande, solche Sachen zu machen. Das heißt, ja, den Frauen kann's passieren, weil es heutzutage viele Hascher und Fixer gibt, also von den Drogen dazu vielleicht gezwungen...
Frage: Ihrer Meinung nach ist die Frau anders als der Mann?
de Beurre: Ja, ja. Es gibt aber auch viele Frauen, die dem Mann überlegen sind, nicht alle, aber ein guter Prozentsatz. Viele Frauen sind dem Mann auch überlegen, weil die Frauen den Mann übertreffen wollen. Auch politisch, auch in Dingen von heutzutage...
Frage: Haben Sie jemals von den Feministinnen gehört?
de Beurre: Mich zum Beispiel interessiert die Feministenbewegung nicht. Die Frauen, sagen wir mal, müssen bloß mit mir zusammen sein. Und das reicht.
Frage: Haben Sie sich nie verliebt?
de Beurre: Verliebt nie. Niemals verliebt. Das ist bloß eine sexuelle Angelegenheit, bloß Abenteuer. Auch wenn ich so tue, als wäre ich verliebt. Oftmals sage ich: »Ich habe dich lieb...« damit sie mit mir kommt. »Ohne dich halte ich's nicht mehr aus. Ich liebe dich.« »Sag es noch einmal.« »Ich liebe dich, ja.« Aber ich tu nur so, es ist nicht wahr, ich mach's nur, um sie ins Bett zu kriegen.
Frage: Können Sie sich nicht verlieben?
de Beurre: Wenn ich will, verliebe ich mich, ich bin's, der sich nicht verlieben will, weil mir nichts daran liegt.
Frage: Alle Frauen, die Sie haben wollen, können Sie haben. Warum? Kennen die Ihre Männlichkeit?
de Beurre: Die kennen sie, die kennen sie; die Frauen wissen alles von mir, meine Maße...
Frage: Welche Maße sind das?
de Beurre: Ach, es sind 23 Zentimeter Länge, wenn er steif ist.
Frage: Und Umfang?
de Beurre: Ach, das weiß ich nicht, die Frauen messen ihn sowieso nicht. Ich habe zum Beispiel neulich einer gesagt, er sei 25 Zentimeter.
Frage: Und was hat die Frau gesagt?
de Beurre: »Ja wirklich? Zeig ihn mal.« »Oh, was für ein schönes großes Tierchen«, sagt sie. Alles in Rimini.
Frage: Wechseln Sie nie die Gegend?
de Beurre: Ich wechsele immer in Rimini die Gegend. Da gibt's die Gegend, wollen wir mal sagen, von Covignano, da gibt's die Gegend, wo die Hochhäuser stehen, dann die Gegend des Bahnhofs, die Gegend im Zentrum.
Frage: Und in Santarcangelo?
de Beurre: In Santarcangelo bin ich ein Schuß ins Aus. In Santarcangelo kann man nichts machen, auch weil, sehen Sie, ich versuche mit den Mädchen aus dem Ort ein Gespräch anzuknüpfen. Nachher wird mir klar, daß

es schlechter ist, nicht für die Stadt, sondern auch für die Leute, bei der Mentalität, die die haben. Die haben mich hier rumflanieren sehen mit einer, sagen wir mal, mit einer aus Rimini (Anmerkung der Redaktion: es stellte sich heraus, daß die beteiligte Frau ein Transvestit war); die guckten gar nicht mich an, die guckten auf sie. Das Gerede ist Wochen und Wochen weitergegangen; die hier vom Ort merken das nicht, eingeweiht, wie sie sind, in alles, was einer tut.
Frage: Dulden Sie den Treuebruch von der Seite der Frau?
de Beurre: Nein, den dulde ich nicht.
Frage: Auch wenn sie körperlich nicht befriedigt ist?
de Beurre: Wie ich ja schon gesagt habe, bei mir wird sie nie die Treue brechen. Wenn eine Frau Lust dazu hat und ihr Mann befriedigt sie vielleicht nicht, dann also würde ich das nicht Treuebruch nennen, das ist eine normale Sache, nach der der Körper der Frau verlangt.
Frage: Haben Sie jemals eine Frau bezahlt?
de Beurre: Ich habe ein einziges Mal bezahlt, nur einmal, und ich werde nie wieder bezahlen. Es hat nämlich eine Zeit gegeben, ich sag die Wahrheit, da habe ich es mir die Kleinigkeit (ich sage, während meiner Jugend) von neun Malen pro Woche selber mit der Hand gemacht. Also da sagen meine Freunde: »Geh da hin, los, du hast kein Geld, wir sammeln für dich.« Jeder hat 500 Lire rausgerückt, so daß sie 5- bis 6tausend Lire zusammenkriegten. Und sie fahren mich runter, sagen wir mal so, zu denen von der Straße. Ich habe mich so bei einer abgemüht, mich abgemüht, sie in Geduld zu ertragen, denn während ich da auf ihr war, hat sie Kaugummi gekaut, ja, während ich bumste, kaute sie Kaugummi. Ich war da wie eine Statue, ich bewegte mich überhaupt nicht, weil ich nichts spürte. Sie bewegte sich, sie bewegte sich und kaute den Kaugummi direkt vor meiner Nase, es war nicht mal absichtlich. »Madonna, ich schaffe es nicht zu kommen, ich schaffe es nicht.« Wir haben's eine Stunde versucht, aber ich bin nicht gekommen.
Frage: Haben Sie trotzdem bezahlt?
de Beurre: Sie hat das Geld haben wollen. In einem bestimmten Augenblick habe ich so getan, als käme ich. »Ahh!« habe ich gemacht, als käme ich, ich bin aber nicht gekommen.
Frage: Haben Sie jemals Oralverkehr praktiziert?
de Beurre: Mit dem Mund, das ist mir nie vorgekommen, daß ich mir das von einer Frau machen lasse. Nie, nie.
Frage: Wie viele Frauen haben Sie denn gehabt?
de Beurre: Wer soll die zählen. Schätzungsweise, weiß nicht... fünfhundert.
Frage: Welches ist Ihr größtes Problem?
de Beurre: Das Geld, der Zaster. Denn ich sage jetzt mal was sozusagen als Zugabe. Da ist meine Mamma, sagen wir mal so, die arbeitet nicht mehr, sie ist krank, die hat einen Nervenzusammenbruch, das ist was Unglaubliches. Mal arbeitet sie, mal arbeitet sie nicht, man kapiert nichts. Jetzt hat sie drei Monate in einer Wäscherei gearbeitet und wieder aufgehört. Also macht sie jetzt so Aufwartungen, nicht? Dann ist da meine Schwester, die ist verlobt, seit sechs Jahren hat sie einen Verlobten und arbeitet in einer Druckerei in Savignano, aber das Geld, das sie verdient, behält sie für sich, für die Aussteuer. Also das Geld, das ich am Abend oder während der Woche im Kino verdiene (Anmerkung der Interviewer: *Burro* verkauft Getränke im Kino des Ortes), das sind 20000 Lire. Und da ist die Familie, die Geld haben will. Ich rauche, trinke, das brauch ich zum Leben. Also ich gebe 15000 meiner Familie und 5000 behalte ich für mich. Aber wenn du mit 5000 Lire zwei Tage rumgebracht hast, hast du keine Lire mehr. Mein ständiger Kampf, praktisch, ist immer das Geld; ich habe keines, ich habe nie welches gehabt. Wenn ich 50000 Lire hätte, sagen wir mal, wäre ich imstande, wer weiß was zu machen. Ich kann mit 50000 Liren was machen, was einer, der sie hat, noch nie getan hat. Ich bin imstande, runter nach Rom zu gehen, und den Mut hätte ich, hinzugehen und zu fragen, wo das ist, wo Laura Antonelli wohnt, und da hinzugehen.
Frage: Glauben Sie, Sie könnten eine Verabredung mit ihr erreichen?
de Beurre: Eine Verabredung kann ich erreichen; nicht sofort, aber ich kann's erreichen.
Frage: Haben Sie viele Frauen leiden lassen?
de Beurre: Sehr leiden nicht, nur daß sie wollten, daß ich mit ihnen sofort ins Bett ginge, während ich dagegen nein sagte, und sie litten. Ich bin so gebaut. Wenn eine Frau zu mir sagt: »Gehst du mit mir ins Bett«, da kapiere ich sofort, was für'n Typ das ist: ein Typ auf dem Nullpunkt oder auch ein Typ, der was wert ist. Denn ich sage, wenn die mit mir ins Bett gehen, gibt's zwei Möglichkeiten: entweder die haben Lust drauf oder es ist

eine, die nie was Rechtes gefunden hat. Also sage ich nein. »Warte, verschieben wir's.« Wenn wir's um einen Tag verschoben haben, sage ich noch mal nein, bis sie nach mir verrückt wird, haben Sie kapiert?
Frage: Wie kann man Ihre Taktik bei Frauen zusammenfassen?
de Beurre: Ein Gläschen, das Gespräch und das Ohr. Wenn du den Frauen die Zunge ins Ohr gesteckt hast, fallen sie glatt um, he.
Frage: Lesen Sie gern?
de Beurre: Ich ja. Ich lese viel, ich lese alles, Comics, Krimis. Als Kind war ich nach ›Diabolik‹ verrückt. Jetzt nicht, jetzt dagegen lese ich viel.
Frage: Und das Kino?
de Beurre: Ins Kino, wenn ich sage, ich will einen Film mal richtig sehen, dann gehe ich, um einen Film zu sehen, der mir gefällt. Zum Beispiel gehe ich nicht mir so Drecksfilme ansehen (Drecksfilme sehe ich genug in diesem Kino hier). Zum Beispiel habe ich ›Uomini duri‹ (Harte Männer) mit Lino Ventura gesehen; ich habe gesehen ›La polizia chiede aiuto‹ (Die Polizei bittet um Mithilfe); ich habe gesehen ›Milano odia: la polizia non può sparare‹ (Milano haßt: die Polizei darf nicht schießen). Ich bin für solche Filme, zum Angucken und zum Verstehen. Dann, wenn man diese Filme sieht und die aktuellen Tatsachen liest, bin ich auch selber in der Lage, mir ein Urteil zu bilden, mit einem bißchen Phantasie vielleicht...
Frage: Welches ist das schönste Erlebnis, an das Sie sich erinnern?
de Beurre: Das ist schwer, ich habe so viele gehabt...
Frage: Na, das aufregendste, da wird es doch eines geben...
de Beurre: Also, ich bin nach Rimini gefahren, immer in Rimini. Klingle an der Tür, gehe rauf. Sie war nicht da. Ich hatte sie auf dem Markt in Santarcangelo gesehen, und ich erkenne sofort die Frauen von außerhalb und die aus dem Ort. Also ich sehe da diese schöne Frau auf den Straßen in Santarcangelo. Ich habe so getan, als würde ich einen Büstenhalter kaufen, sie war da im Dreh, da gab's so Sachen. Als sie gesprochen hat, habe ich gehört, daß sie aus Rimini ist. Als ich gesehen habe, daß sie gezahlt hat, habe ich gewartet, dann bin ich ihr ein bißchen hinterhergegangen, dann habe ich gesagt: »Entschuldigung, sind Sie aus Rimini?« »Warum?« »Kennen Sie vielleicht eine bestimmte Person so und so?« Das war ein Vorwand, nicht? »Ach ja, ich glaube, ich kenne sie. Aber wenn Sie zu mir nach Hause kommen wollen, da kann ich Ihnen sofort ungefähr sagen, wo sie wohnt.« »Und, Entschuldigung, wo wohnen Sie?« »Oh, ich wohne Via Garibaldi 18« (Anmerkung der Redaktion: es hat sich herausgestellt, daß die Adresse ein berühmtes Bordell in Rimini ist). Ich komme zu ihr nach Hause, klingle, sie war nicht da. Man bittet mich herein, man bittet mich zu warten. Aber sie war doch da, sie war im Bad. Nach einer Weile sagt sie: »Sie suchten diese Person?« »Ja.« »Und was wollen Sie bei ihr?« »Ich muß mit ihr schlafen«, sage ich. »Ach ja? Bin ich Ihnen dazu nicht gut?« »Ah, für mich sind auch Sie gut«, sage ich, »aber wissen Sie, ich kenne Sie nicht, ich habe kein Vertrauen.« »Aber um miteinander zu schlafen, braucht man kein Vertrauen.« Ich habe mich nicht bewegt, ich habe es sie machen lassen. Ich bin auf eine Couch gegangen, habe mich da hingesetzt, seelenruhig, rauchte meine Zigarette, es gab da Nacktbilder, die guckte ich mir an; da war ein Tischchen mit Sexzeitschriften, ich nehme eine Zeitschrift und fange an zu lesen... Sie war nackt, neben mir: »Los, das Zeug wird jetzt nicht gelesen«, sagt sie zu mir. »Warum nicht, ich will lesen, zumindest will ich gucken.« »Ich interessiere dich wohl nicht?« »Ja, aber sicher.« Also habe ich angefangen, ein bißchen an ihren Titten herumzutasten, bis die Brustwarze hart war, steif war. Als ich sah, daß ihre Brustwarze hart war, bin ich ihr mit der Zunge ins Ohr gegangen. »Oh, nein, so nicht, warte, du bringst mich ja um.« Ich hatte einen Ständer, und sie kam auf mich rauf, auf die Couch; eine Nummer auf der Couch. Wissen Sie, was sie gesagt hat? »Du bist der einzige, mit dem es mir Spaß gemacht hat«, und ich, abgesehen davon, daß ich nicht meine Freiheit hatte, ihr hat es Spaß gemacht.
Frage: Was fühlen die Frauen Ihrer Meinung nach, wenn Sie sich ihnen nähern?
de Beurre: Das ist schwierig zu erklären. Ein Magnet, laß mal, ich bin wie ein Magnet. Denn am Morgen, wenn ich aufstehe, sehe ich mich, nicht? Ich betrachte mich im Spiegel. Ich sage: ich bin nicht schön. Oftmals frage ich mich, wie die Frauen mit mir ins Bett gehen können. Wenn ich mich hinstelle, ist es alles in allem auch nicht so, daß ich eine große Schönheit wäre, auch körperlich, aber ich habe das gewisse...

SUPERMANN DER ADRIATISCHEN KÜSTE

Gespräch mit dem Bademeister Bruno Valeri

Valeri: Vielleicht war Casanova bestimmt schöner als ich, ein toller Mann, aber der allerliebste Casanova hat nicht hundertzweiundsiebzig Frauen in einer Saison gebumst! Wie die Dinge heute so liegen, wäre Casanova ein hübscher Mann gewesen und weiter nichts.

Frage: Was stellt die Frau für Sie dar?

Valeri: Nichts. Sie ist wie ein Paar Schuhe zum Gebrauch. Das heißt, ich sehe sie so; also die Frau ist für mich eine sehr schöne Sache.

Frage: Casanova sagte, daß die Frau alles für ihn sei.

Valeri: Nein, nein, nein; ja, eine Mamma kann alles sein, sagen wir auch eine Ehefrau; eine Frau, die das Leben für den Mann hingibt, kann alles sein, aber nicht eine Frau. Eine Mamma kann alles sein. Für mich ist meine Mamma alles. Aber eine Frau ist eine Sache... sie ist eine Blume, die sehr schön ist, und dann betrachtet man sie, man riecht daran, dann gibt diese Blume den Nektar ab, sie verliert ihn, sie geht auf... Das ist die Frau, eine Sache, die man im richtigen Augenblick benutzen muß, eine Sache, die man mit Geld erobert, mit ein bißchen Erfahrung, savoir faire, und auch zum Bedarf der Frau, denn die Frau hat Bedarf. Die Frau wechselt die Umgebung (wenn sie ans Meer kommt); die Frau beurteilt das Machen (die Erfahrung), sie hat das Bedürfnis, sich bewundern zu lassen. »Du bist sehr schön, du bist schön, komm mit mir!« Zack, ist es geschehen. Schon nehmen Sie sie. (Schon hat man sie erobert.) Wie oft habe ich nicht Blumensträuße gekauft und mir, wenn der Lokalbesitzer einverstanden war (eines Tanzlokals), eine ›Miss‹ ausgedacht (eine Miss-Wahl). Miss... Schuh! »Nehmen wir diese Dame mit den Schuhen da!« Zack, schön und erobert.

Frage: Was ist Ihrer Meinung nach der Charme eines Mannes?

Valeri: Das wird vielleicht sein, weil es eines meiner persönlichen Anliegen ist, das wird sein, weil ein Mann... Jeder hat seine Taktik bei den Frauen. Ich sage mal das, ich bin am Meer jemand. Hier kann ich angeben. Wir (Bademeister) haben das Glück, am Meer zu sein, das heißt, Eindruck auf die Frauen zu machen, die zum Baden kommen; wir sind schon braungebrannt, schwarz, und dann, Rettungsschwimmer zu sein, das schafft ein Schwächling, ein Schmächtiger nicht; das schafft nur einer wie ein Schrank.

(...)

Um ihm zu gefallen, muß die Frau vor allem unanständig sein; aber sie soll nicht danach aussehen. Eine ›anständige‹ Frau reizt ihn nicht. Er hält sich für großartig, wenn es ihm gelingt, eine hochgestellte Frau ins Bett zu bekommen; das heißt eine intelligente Frau. Auf der körperlichen Seite zählt offenbar die Schönheit, aber ihm gefällt die intelligente Frau besser; bei zwei gleichen Frauen kann man sicher sein, daß er die intelligente vorzieht. Ein idealer Körpertyp könnte Ursula Andress für ihn sein, oder besser noch die Mangano. Die Lollobrigida oder die Cardinale gefallen ihm nicht, für ihn sind sie Dummköpfe. Auch Bette Davis gefällt ihm oder Alida Valli; bei dem Alter, das sie hat, ginge er lieber mit ihr als mit der Cardinale. Die körperliche Eigenschaft, die ihn am meisten interessiert, ist das ›Gesichtchen‹, das heißt das Auge; eine Frau mit müden Augen zum Beispiel gefällt ihm wahnsinnig, da kann man wenig machen; Augen, die ein bißchen geschlossen sind, da sagt ihm gleich etwas im Innern, daß er da nicht drum herumkommt: »Dich, dich muß ich strafen.« Da gibt's nichts, wenn er so eine trifft, endet es damit, daß er mit ihr ins Bett geht; auch wenn es drei sind: eine nach der anderen: du um neun, du um zehn und du um elf. Da gibt's kein Pardon...

Valeri ist dreimal verheiratet gewesen; mit einer Deutschen und zwei Italienerinnen.

Die Maße des Pimmels zählen nicht. Auch wenn sie ihn einen ›amtlichen Schwanz‹ nennen. Aber ausdauernd muß er sein. Er kann an sich halten, solange er will. Wenn sich eine Frau zwischen fünfundzwanzig und fünfzig ihm hingibt, die trotzdem nach was aussieht, da kann er bis Mitternacht weitermachen. (Zum Zeitpunkt des Interviews war es achtzehn Uhr dreißig.) Beim Wechseln der Frauen, wie er gesagt hat, hat er sechs hintereinander gehabt, und eine ist ausgerückt und hat gesagt: »Basta,

basta, Sie sind ja verrückt!« Das war von neun bis Mitternacht; da kann man halt wenig machen, um eins war er zu Hause. Er kann einen harten Ständer von jetzt bis morgen früh haben, und da tut ihm nicht der Rücken oder irgend etwas anderes weh. Und wenn er sagt, daß er zweimal kommen muß, kommt er zweimal; dreimal: dann kommt er dreimal; er hat sich in der Hand. Er ist ein Schwein in diesen Dingen; er will, daß sie... Also er sagt: »Dich, dich muß ich umbringen muß ich; du mußt lernen, was ein Mann ist.« Jedenfalls gibt es Frauen, die ihren Mann hier (in Pesaro) haben, auf jeden Fall hat ihm die letzte zweihunderttausend Lire gegeben. Nicht weil er sie wollte, es sind sie, die ihm um jeden Preis ein kleines Geschenk machen wollen. Und es sind zweihundert, das ist ein Auto; ja, das Auto, das er hat, ein Flavia zweitausend, kostet Geld... Aber er tut's nicht deshalb. Es ist die Eroberung. Wenn ihm eine die nicht gewährt, kriegt er es fertig, zu weinen, solange wie sie sich ihm nicht hingibt. Nachher kann er allerdings sagen: »Jetzt bringst du mich nicht mehr zum Weinen, nun bringst du mich zum Lachen.« Kurz und gut, es ist nicht so, daß er Geld nimmt. Diese Frauen wollen, um ihn zu bekommen – denn man redet, das ist ja wie ein Markt –, kleine Geschenke machen. Denn man muß wissen, daß es mehr unbefriedigte als befriedigte Frauen gibt. Die Frau probiert einen Mann wie ein Paar Schuhe: »Gefällt er mir? Ich vergöttere ihn.« Viele Frauen haben ihn nötig und können ihn sich nicht entgehen lassen. Also besser ein kleines Geschenk, einmal das, ein andermal etwas anderes, wie den Pulli, den er trägt, der aus Paris kommt, ein Geschenk von Monique.

Er zieht keine Nationalität einer anderen vor. Als er zur See fuhr, war er in Akaba malariakrank, und da unten hat er sich eine Krankenschwester aufgetan, die Chinesin war, sehr schön. Er hat Deutsche gehabt, Engländerinnen, Französinnen, eine Negerin, aber die Frauen sind im Bett alle gleich. Auch die Italienerinnen, obwohl sie mehr das ›Das-will-der-liebe-Gott-nicht‹ haben. Sind sie verheiratet, lutschen sie dir lieber den Schwanz, mit Verlaub gesagt, aber »ihm nichts sagen« (dem Ehemann?), denn »das will der liebe Gott nicht«.

Das schönste Erlebnis in der Sommerzeit. Das war zu einer Zeit, wo er drei Frauen hatte, von denen eine Bologneserin und eine Engländerin war; sehr schöne Frauen. Er arbeitet als Rettungsschwimmer, er rettet eine gewisse Person, die er nicht nennen kann, und die Frau, sehr schön – vierzig Jahre Altersunterschied: »Sie haben meinen Mann gerettet; sagen Sie mir, sagen Sie mir, was Sie wollen...« Und da sage ich schließlich: »Da bei ihm ist Geld, und Sie bleiben da, eben weil da Geld ist; ich habe ihn gerettet, weil das mein Beruf ist, Sie bleiben bei ihm, weil da Pinke zu kassieren ist. Was geben Sie mir, geben Sie mir doch ... was kostet eine Liebesnacht?« »Eine Rose«, sagt sie. Ich schicke ihr am Abend eine Rose durch Fleurop ins Hotel. Sie erwartete etwas anderes. Sie hat am Strand Champagner für alle spendiert... und dann bestand sie darauf, zu erfahren, wieviel er wolle. Also gibt er ihr zu verstehen, daß er begriffen habe, daß er wisse, was es für eine Frau von zweiundzwanzig Jahren bedeute – das war ihr Alter –, mit einem Mann von dreißig gehen zu können anstatt mit einem von sechzig – das war das Alter ihres Mannes. Und er sagt zu ihr: »Mit mir geht man nicht wegen des Geldes. Die Rose habe ich Ihnen als Höflichkeitsgeste geschickt, um Sie zu decken (das heißt, Ihnen ein Alibi zu geben), jedenfalls haben wir Sie jetzt mit Höflichkeit gedeckt, und jetzt decken wir Sie wie Hund und Katze.« Und so habe ich sie kleingekriegt. Ein Hotel in der Gegend vom ›Brig‹ (einem anderen Hotel erster Kategorie). Oder um weiter von der Männergier zu reden, von der Lüsternheit, die sie am Strand haben: drei Frauen fingen an, am Strand miteinander zu streiten und Rechte an ihm zu beanspruchen und darüber zu diskutieren, welche er zuerst kennengelernt hätte, und sich alles mögliche zu sagen. Alles in allem ist das etwas, einen Mann wieder aufleben zu lassen.

Partnerwechsel und Gruppensex gefallen ihm nicht. Wenn ihm zugesehen wird, kann er nicht mal pissen.

Die peinlichste Erfahrung war die, als er ins Hotel einer Dolmetscherin gegangen ist, die ihm gesagt hatte, daß ihr Mann nicht da sei; eine sehr schöne Möse.

Es hatte damit begonnen, daß er ihren Hund gerettet hatte, einen Chihuahua. »Sie rief mich verzweifelt: ›Badermaster, Badermaster‹, denn sie wollte, daß ich ihren Hund rettete. Ich habe mir Kratzer geholt und Bisse und habe ihn ihr an Land gebracht. Aber ich bin sehr schroff gewesen. Ich habe ihr gesagt: ›Signora, ich bin hier, um Menschen zu retten, Menschenleben. Um ein Kind zu machen, braucht es neun Monate, aber es genügt ein Augenblick, um es im Meer zu verlieren. Stören Sie mich nicht mehr!‹« Und so hat sie ihn zu sich eingeladen, ihn aber gebeten, sich von ihrem Mann nicht erwischen zu lassen, der sehr eifersüchtig war. (Noch jetzt steht sie mit ihm in Verbindung: gerade eben hat er für einen Wechsel Geld nötig gehabt, er hat sich um zweihunderttausend Lire an sie gewandt, sie hat ihm eine halbe Million runtergeschickt und ihn wissen lassen: »Wenn du in der Klemme bist, schreib mir.«) Also den Abend waren sie ins ›Capriccio‹ gegangen (ein Tanzlokal), und er war so, wie er war, gegangen, schön braungebrannt, in einem weißen Unterhemd, wenn auch seine Freunde ihm geraten hatten, sich umzuziehen. Und sie hatte zu ihm gesagt: »Ich sehe dich nicht im Frack, du gefällst mir so.« Sie hatten ein bißchen getrunken, und dann waren sie rauf ins Hotel gegangen, ins ›Brig‹. Sie hatten schon vier Nummern gemacht, waren bei der fünften, als sie »Mein Mann!« sagt. Er war völlig nackt und wußte nicht, was er tun, wohin er flüchten sollte. Über die Treppe konnte er nicht hinunter, denn sie klopften schon an der Tür. Er schafft es, sich sechs Handtücher und vier Bettlaken zu schnappen, und steigt aus dem Fenster, wo er das erste befestigt und daran nach und nach, frei in der Luft hängend, die anderen festknotet (damals war er noch jünger und hatte auch größere Körperkräfte); aber sie reichten trotzdem nicht. Er läßt sich auf die Minigolfbahn, die darunter lag, fallen und hört einen Knacks. Er hatte sich das Schlüsselbein gebrochen. Als Rettungsschwimmer konnte er nicht ins Krankenhaus gehen, er mußte den Anschein erwecken, daß es sich um einen Arbeitsunfall handele. Es war Mitternacht. Er schaffte es bis zum Gefängnis von Rocca Costanza, er fühlte auf der einen Seite Wärme und auf der anderen Kälte, einen bestialischen Schmerz. Nach Hause konnte er nicht gehen. Er wartet die ganze Nacht auf einer Parkbank und lauert auf die Morgendämmerung. Und kaum ist es Tag, schleppt er sich zum Krankenhaus. Er kann gerade noch sagen, daß er sich beim Heraufziehen eines Bootes verletzt hätte, da fällt er ohnmächtig um. Dann haben sie ihn eingegipst, und damit war die Sache aus.

Die unangenehmste Erfahrung in Hamburg. Die enttäuschendste. Er arbeitete als Bademeister und Rettungsschwimmer in einem Freibad, und am Abend nach der Arbeit ging er aus, besuchte Lokale. Da war in einem eine Frau, eine blonde; er konnte die Sprache noch nicht, und sie gibt ihm zu verstehen, daß er ihr gefällt, und als sie mit der Arbeit fertig ist, nimmt sie ihn in ihr Zimmer und schärft ihm ein, sich von ihrem Arbeitgeber nicht ertappen zu lassen. Nach anderthalb Stunden, in denen sie ihn in den Mund nahm und alles mögliche, im schönsten Moment hat er bemerkt, daß sie ein Mann war. Der machte auf die Art so seine Sächelchen. Und er hatte es nicht bemerkt. Er hatte schöne Brüste, sehr schöne Beine, wie kommt man da auf falsche Gedanken! Am Ende kann man sagen, ein Mann, der noch keine Frau gesehen hat, hätte den da geheiratet, so schön, wie die war. Er hat

Bruno Valeri
«Eine Frau ist eine Sache... eine Blume.»

wie begossen dagestanden. Der da hatte sein Pistölchen, so, unter einem Heftpflaster da... Auf jeden Fall hat er ihn nicht bestraft, nichts. Es war gut, um daraus zu lernen. Auf jeden Fall hat ihm diese Erfahrung da auch nichts ausgemacht. Nun weiß man Bescheid. Ein gewisser Regisseur, um es also zu sagen, dem hat der liebe Gamboni (ein Kollege von ihm) »ihn in meiner Anwesenheit (dreimal) reingesteckt«.

Bei der Liebe gebraucht er die Frau von allen Seiten, von vorn und von hinten, oben und unten. Vielleicht, wenn sie mit einem Mann bloß zum Zeitvertreib geht, denkt sie nicht darüber nach, aber wenn sie mit einem Mann geht, weil es ihr Spaß macht, treibt sie es auch mit dem Ewigen Vater. Und wenn es ihr paßt, paßt auch ihm alles, denn er kennt Frauen, die gehen besser von hinten als von vorn: »Ich sage nicht fünfzig Prozent, aber bestimmt eine gute Mehrheit.« Er hat keine Erektionsschwierigkeiten, um bei einer Frau von hinten einzudringen, denn wenn er mit einer Frau geht, macht er alles, was man machen kann. Zuerst kam ihm seine Jugend zu Hilfe, jetzt setzt er auch seinen Verstand ein, das heißt, er hat sein Verlangen zu kommen immer gezügelt. Wenn man wirklich von Rekorden sprechen muß, dann ist seiner der, elfmal an einem Tag gekommen zu sein; hintereinander dagegen hat er sechs gemacht, sechs Frauen (und eine davon hat er fix und fertig gemacht), wobei er jede im Durchschnitt fünfmal kommen ließ, er selbst aber im ganzen nur dreimal kam. Und manche, die nicht genug hatte, nicht den Hals voll, machte auf eigene Rechnung weitere Sächelchen, nur um ihm zuzugucken. Praktisch hat er überall gebumst, an jedem Ort, in Strandhütten, im Wasser, »im Wasser wird er sogar noch härter«, auf einem Boot, wie wenn es ein Bett wäre, ein bißchen härter, aber ...; in Hotelzimmern, in den Häusern der Frauen, und der Ehemann unten und sie oben und dann nichts wie weg!

Die Frauen haben mit ihm alles durchprobiert, manche, die erledigt war, schlief ein, während er noch auf ihr war und sie beschlief, er macht sie fertig, er betäubt sie richtig. Wenn er jetzt auch arbeitet (er hat eine Bar) und nicht mehr so viel Zeit hat, hat er sich doch in der Saison siebzig aufgetan. Er hat keine Schwierigkeiten, die Frau zu fragen, ob sie Verhütungsmittel gebraucht, weil immer er entscheidet, wann er kommt, und er kommt immer draußen, das heißt, es reicht, im schönsten Augenblick seine Lage zu wechseln, damit sich nichts ändert. Vielmehr wenn die Frau ihm sagt, daß sie keine Kinder mehr haben kann, dann macht ihn das schon ein bißchen lustlos, denn darin liegt doch alles Schöne, darin liegt doch der Wonnereiz, um mit armseligen Worten zu sprechen. Wenn er sagt: »Ich komme nicht!« dann kann er dabei auch fünf oder sechs Stunden bleiben; man kann seine eigene Frau fragen, die bestimmt nicht auf Abenteuer ausgeht, und wenn sie geht, geht sie ihm zum Trotz, und nicht, weil sie nicht befriedigt ist. Das ist es, was bei der eigenen Frau zählt; da kann einer auch hunderttausend Lire im Monat nach Hause bringen.

Die älteste Frau, die er gehabt hat, war fünfundsiebzig Jahre alt, sie war deprimiert, war alt und hatte eine Masse Geld, aber jetzt ist sie tot. Es gibt ein bißchen Gerede, die Frauen sprechen mit mir, ich spreche mit den Frauen, und sie hat mir irgend jemanden geschickt (sechs Männer hat sie gehabt, sechs, und sie hat sie alle kleingekriegt); mit einem Wort, sie gab ihm vierzigtausend, und er hat es trotzdem genossen, und ob, er hat keine Schwierigkeiten gehabt. Vorausgesetzt, sie stinkt nicht, sie ist nicht schmutzig, dreckig, vorausgesetzt, sie verbreitet keinen üblen Geruch... Kurz und gut, für diese Frau ist es die Glückseligkeit gewesen; nicht genug, sie wollte mir fast ihr ganzes Vermögen vermachen, wenn die Enkel nicht eingeschritten wären. Was zum Teufel willst du machen, denn schließlich ist ein Mann, auch wenn er gewissenhaft ist, an Alltagsprobleme gebunden.

Er hat auch kleine Mädchen gehabt, uh, noch immer, denn man spricht davon, Valeri, Valeri; sie richten es so ein, daß sie ihm begegnen können. Aber auch mit jungen Mädchen amüsiert man sich genug; sie sind unerfahren, und daran liegt es, daß man sich noch mehr vergnügt. Mit einer Frau von sechzehn Jahren kann man sich mehr amüsieren als mit einer von fünfzig, mal so gesagt, denn du überzeugst sie mit deinem Können, du erziehst sie. Aber als Eroberer sagt ihm das in Wirklichkeit nichts; er bevorzugt die reife Frau von dreißig Jahren, die, wenn sie sich gibt, sich hinzugeben weiß und auch schwieriger zu erobern ist, man braucht da mehr Zeit, aber »wenn sie zahlen muß, zahlt sie«, »wenn ich sie abgehakt habe, zahlt sie«.

Es gibt eine Frau, mit der er hätte gehen wollen und nicht gegangen ist: die Kennedy. »Ich geh nicht dahin, aber wenn die Kennedy nach Pesaro käme und es keine Opfer kostet, um zu den großen Empfängen zu kommen, in die gewissen Kreise, die nicht zu mir passen, wo ich nicht hineinkomme, weil es da andere Vorrechte gibt, andere Dinge (ich sage: die Kennedy, aber ich könnte auch die Callas sagen), wenn sie in die Lokale käme, wo ich verkehren kann, würde sie nicht zögern, es mit mir zu machen, passen Sie auf.«

Das seltsamste Abenteuer war das, als einer seiner Freunde im Sommer zu ihm gesagt hat, er sollte die Frau, die er da gerade an der Hand hatte, für einen Abend allein lassen, denn ihm waren zwei Frauen zusammen untergekommen, Mutter und Tochter, und er brauchte Hilfe. Am Abend haben sie sich getroffen. Der Freund hatte ihn als Mister Valeri vorgestellt, und er hatte geglaubt, er sollte mit der Tochter gehen, weil sie die Jüngere war. Doch als sie an den Strand hinuntergingen, hatte der Freund die Junge unter den Arm gefaßt und war zum Ufer hinübergegangen, wo die Boote liegen, und ihm war die Alte zugefallen, die ungefähr fünfzig Jahre alt gewesen sein mochte. Er wußte nicht recht, was tun, und hatte angefangen zu sagen: »Schauen Sie doch, wie schön der Mond ist, schauen Sie doch, wie schön das Meer ist«, aber die Mutter statt dessen, die sah, wie die Tochter mit ihrem Freund schon beim Bumsen war, hatte zu ihm gesagt: »Siehst du nicht, was meine Tochter macht, warum treibst du es mit mir nicht auch so?» und er hatte sie dort nehmen müssen, wo sie waren, auf der Zementpiste, gleich neben den Strandhütten. Ein anderes Mal ist ihm passiert, daß er sogar mit Mutter und Tochter zusammen ins selbe Bett ging. Er hatte mit der Tochter angefangen, aber dann hatte sich die Mutter verliebt. Vielmehr waren zwei Töchter da, aber während er mit Mutter und Tochter im Bett war und sie praktisch schon fertig waren, ist die zweite Tochter völlig bekleidet hereingekommen; aber er war ja nun schon fertig geworden und hatte sie also aus dem Spiel lassen müssen.

Die Frauen, die nach Pesaro nicht wegen der Stadt und nicht wegen des Meeres kommen (sondern seinetwegen), mögen ungefähr zweitausend sein. Das Stück Strand, wo er arbeitet, ist immer total überfüllt, und wenn er den Platz wechselte, würden sie ihm woandershin folgen.

»Ich weiß nicht, ob Casanova schöner oder häßlicher als ich war, vielleicht war er bestimmt schöner, ich bin häßlich, aber alles in allem gefalle ich, daran gibt's nichts zu rütteln.« Das unverhoffteste Abenteuer: es war Ende August, Anfang September, und er fuhr mit seinem Wagen zu seiner Bar zurück, es war etwa halb acht, acht am Abend, aber es war schon dunkel, weil es regnete, es regnete, wie Gott es herunterließ, und deshalb war kaum noch Licht. Aus einem haltenden Auto steigt eine Frau, die ihn heranwinkt. Er hält an, und sie bittet ihn, ihr einen Schubs zu geben, damit ihr Auto anspringt. Er macht sich ans Werk, aber das Auto will nicht anspringen. Also die Frau macht in dem ununterbrochenen Regen, die Frau hieß Annarita und war aus Vicenza, die Motorhaube auf und bückt sich, um zu versuchen festzustellen, wo der Fehler liegt. Die Regengüsse hatten ihr das Sommerkleid an den Körper geklebt, so daß er hindurchgucken und den Büstenhalter und die rosa Schlüpfer sehen konnte. Er, der hinter sie getreten war, um zuzusehen, hebt plötzlich das durchnäßte Kleidchen der Frau hoch, schiebt die Schlüpfer beiseite, die sich vor Nässe zwischen die Arschbacken geklemmt hatten, und steckt ihn ihr hinein. Annarita ist von diesem Tatendrang sofort völlig hingerissen, sie unterstützt ihn aufs feurigste, so daß er aus Furcht, von jemandem überrascht zu werden, der vorbeikäme, denn sie waren da mitten auf der Straße, gezwungen ist, mehrere Male zu ihr zu sagen: »Bleib unten, bleib unten, da tun wir so, als guckten wir in den Motor.« Aber die Heftigkeit, mit der die Frau mit dem Hintern drückte, um ihn so weit wie möglich hineinzubekommen, und infolgedessen die Kraft, die er aufwenden mußte, um sie zu befriedigen, waren so groß, daß sich inzwischen der Wagen unter ihren Stößen von der Stelle bewegte. Und unter diesen Bedingungen, im Regen, der heruntergoß, haben sie die ganze Straße, in der die Bar liegt, zurückgelegt. Und diese Annarita hat versprochen, bestimmt im nächsten Jahr wiederzukommen.

EIN FUNKTIONÄR DES SEX

Gespräch mit dem Playboy Gianfranco Piacentini

Frage: Beginnen wir gleich mit einer Besonderheit; wie viele Frauen haben Sie gehabt, Signor Piacentini?

Piacentini: Es gibt eine berühmte amerikanische Zeitung, die vor zwei Jahren einen Artikel über mich geschrieben hat, in dem schätzte man, daß ich etwa viertausend Frauen gehabt hätte.

Frage: Sie können also nicht sagen, ob das wahr oder falsch ist, Sie können sich nicht mehr an sie erinnern. Aber entschuldigen Sie, wie alt sind Sie, denn Sie sehen so jung aus...?

Piacentini: Ich? Ich bin achtunddreißig Jahre alt. Ich bin mit achtzehn von zu Hause weggegangen. Ich muß sagen, daß ich meine erste sexuelle Erfahrung, eine sehr schlechte, mit zwölf Jahren gehabt habe. Dann von zwölf bis achtzehn habe ich keine sexuellen Erfahrungen mehr gehabt.

Frage: Warum haben Sie eine so traumatische, so furchtbare Erinnerung an dieses Ereignis?

Piacentini: Ich weiß nicht. Aber nach diesem Mal habe ich bis achtzehn keine Anstrengung mehr unternommen, das Experiment zu wiederholen. So viel ist wahr, daß die Frauen mir gewissermaßen ein Ekelgefühl gaben.

Frage: Wegen dieser ersten Erfahrung?

Piacentini: Ja, wegen dieser Erfahrung, denn diese Frau war schmutzig, sie stank.

Frage: Vor diesem Ereignis hatten Sie schon eine genaue Vorstellung von der Frau?

Piacentini: Ja, ich hatte eine genaue Vorstellung, weil ich sie auf den Zeitungen sah, oder daheim die Schwestern meiner Freunde... Aber ich muß sagen, daß mich der Sex nie besonders angezogen hat, bis ich achtzehn war. Dann allerdings, mit achtzehn Jahren, ist er explodiert; und ich muß sagen, daß ich von da an bis vor kurzem einen unglaublichen Rekord gehalten habe. Ich glaube, daß das eine Revanche gewesen ist. Ich muß sagen, daß alle Lügen erzählten, und diese Lügen hatten sich mir eingeprägt. Alle Männer erzählten: ich mache es siebenmal, achtmal, zwanzigmal; ich habe mir jene aufgetan, die Mutter, die Schwester; die hat mich unterwegs mitgenommen, sie hat mich im Auto nach Hause gefahren. Und alle diese Dinge blieben mir im Kopf. So habe ich mit knapp achtzehn Jahren, ich erinnere mich nie, mit wem genau, aber ich weiß, daß ich wieder angefangen habe. Plötzlich.

Frage: Was ist für Sie die Frau?

Piacentini: Die Frau ist für mich eine Person wie ich, die mir ein körperliches Wohlgefallen gibt und mir Gesellschaft leistet; denn ich kann nicht allein sein. Ich habe immer eine Frau in der Nähe nötig, und die Frauen, muß ich sagen, haben mich viele Dinge gelehrt: wie ich mich benehmen muß, Lebensart, meinen schlechten Charakter zu mäßigen, gewisse Kompromisse zu akzeptieren. Ich muß sagen, daß die Frauen mir außerordentlich geholfen haben, denn ich bin ein Wilder, besser gesagt, bis zweiundzwanzig, dreiundzwanzig war ich wahrhaftig ein Wilder.

Frage: Casanova sagte: die Frau ist alles für mich. Ist das für Sie auch so?

Piacentini: Ich würde zu sagen wagen: fast alles. Und ich bin auch Feminist. Ich verteidige die Frauen, mehr die Frauen als die Männer.

Frage: Einige Gelehrte behaupten, daß Casanova selbst ein Feminist gewesen sei; wie auch immer, er war ein Mann, dessen Freundinnen die Frauen blieben.

Piacentini: Genau; ich habe nicht eine Frau, die mich haßt.

Frage: Auch Sie sprechen, wie es Casanova tat, viel mit Frauen?

Piacentini: Sehen Sie, das ist eine Sache, mit der ich nichts im Sinn habe; ich schaffe es nicht, mit den Frauen zu sprechen.

Frage: Das heißt also, wenn Sie ein Problem zu diskutieren haben, ziehen Sie vor, das mit Männern zu tun?

Piacentini: Ja, mit Männern.

Frage: Und wie kommt das?

Piacentini: Ich weiß nicht; weil die Frauen das nicht verstehen können, was ich sagen will, oder sie verstehen es tatsächlich überhaupt nicht. Im Grunde ist die Frau sehr instinktiv, und ich bin noch instinktiver als sie: vielleicht deshalb spreche ich nie mit den Frauen.

Frage: Was muß eine Frau haben, um Ihnen zu gefallen?
Piacentini: Für mich sind sehr wichtig die Augen, der Mund, die Hände, die Füße. Dann ist klar, daß, wenn wir dem allen sehr schöne Beine hinzufügen, Brüste (mir gefallen große Brüste, aber nicht zu große) und darüberhinaus eine eingehende Körperpflege, eine Frau von Rang... das Maximum ist.
Frage: Also die Frau muß vor allen Dingen schön sein. Oder verlangen Sie auch, daß sie intelligent ist?
Piacentini: Nein, das ist unwichtig: alles, was ich von einer Frau verlange, ist, mich zu ertragen und zu verstehen, soweit ich das verlange.
Frage: Wenn Sie sich unter den Schauspielerinnen oder den Frauen, die Sie gehabt haben, umsehen, können Sie uns da eine nennen, die Ihrem Ideal am nächsten kommt?
Piacentini: Ich kann sagen, daß ich drei Jahre mit Dahlia Lavi zusammen war, die als Frau schon ein Musterexemplar ist. Dann bin ich drei Jahre mit Capucine zusammen gewesen, und auch Capucine ist, in einem anderen Sinn, ein Musterexemplar. Jetzt bin ich seit viereinhalb Jahren mit einer Frau zusammen (ich sage nicht, wer sie ist), mit der ich auch eine Tochter habe. Meine Idealfrau muß dunkelhaarig sein; fast nie habe ich blonde Frauen gehabt. Nicht sehr groß und gut proportioniert...
Frage: Sind Sie, wenn Sie mit einer Frau gehen, im allgemeinen treu?
Piacentini: Während der ersten Zeit der Beziehung habe ich keine anderen Frauen. Im folgenden wird das, wie wenn einer Sport treibt, der immer trainieren muß. Das heißt, zu Beginn, was auch ein Jahr dauern kann, verkehre ich nicht mit anderen Frauen; dann fange ich wieder damit an, weil ich etwas anderes nötig habe. Also suche ich andere Erfahrungen, die mir im Grunde nichts geben, jedoch... mir helfen, mich noch in Form zu fühlen, zu fühlen, daß ich noch Erfolg haben kann, daß ich noch nicht verknöchert bin. Aber ich tue es in einer Weise, die nicht Ärger bereitet.
Frage: Das heißt, ohne etwas aufs Spiel zu setzen?
Piacentini: Ich setze in dem Moment nichts aufs Spiel, in dem ich es diskret mache, ohne daß die andere etwas weiß.
Frage: Und was ändert das in Ihnen?
Piacentini: Nichts, absolut nichts. Im Gegenteil, eine Extraerfahrung ist dazu da, sich zu beurteilen, denn sie kann mich von neuem in Schwung bringen. Jeder von uns denkt, wenn er mit einer Frau schläft, an eine andere. Immer oder fast immer.
Frage: Haben Sie denn eine Methode, eine Technik, um die Frauen zu erobern?
Piacentini: Nein, ich bin sehr schüchtern.
Frage: Sind Sie es immer noch? Nach viertausend Frauen?
Piacentini: Immer. Ich bin sehr schüchtern. Vielleicht ist es gerade diese meine Schüchternheit, die ein mütterliches Gefühl weckt, einen Mutterinstinkt. Bei den Frauen von Bedeutung, meine ich, denn die Kleine läuft jetzt schon allein, aus dem einfachen Grunde, weil ich Piacentini heiße. Da sehen Sie den Vorteil, ein Playboy genannt zu werden; das ist im Grunde ein fabelhafter Vorteil. Das gestattet mir, unbesorgt zu sein und zu einem Mädchen zu sagen: »Was machst du, kommst du mit mir?« Und sie kommt mit; sie verläßt den Verlobten, den Onkel, den Großvater.
Frage: Das erlaubt Ihnen, begehrt und verlockt zu werden.
Piacentini: Genau. Aber ich brauche das, hin und wieder einer schönen Frau den Hof zu machen. Für mich ist eine schöne Frau eine Frau von Rang.
Frage: Haben Sie nie einen Korb erhalten?
Piacentini: Nie, ich habe nie einen erhalten. Wenn ich gewollt habe, habe ich bekommen. Es geht nur darum, drei, vier Tage mehr daranzugeben. Aber die Eroberung einer Frau ist auf diese Weise erregender.
Frage: Das heißt, Sie haben bei jeder Erfolg gehabt, bei der Sie es versucht haben?
Piacentini: Sicher. Auch weil ich weiß, wie weit meine Fähigkeiten gehen.
Frage: Dann haben Sie vielleicht etwas mehr als ein anderer von diesem nie näher bestimmten Zauber, von dem man nicht begreift, was er ist. Sie glauben daran?
Piacentini: Ja. Wenn ich einen Vergleich mit den anderen Jungs anstelle, die man Playboys nennt, habe ich sicherlich etwas mehr. Vor allem, wenn ich den Hof mache, scheine ich aufrichtig, ehrlich zu sein, auch wenn ich es nicht bin, oder besser: in diesem Augenblick bin ich es sogar. So benutze ich meine Ehrlichkeit, um das zu bekommen, was ich will. Das ist sehr wichtig, und die Frau schätzt das. Also ich sage nicht zu ihr: »Komm, jetzt mußt du mit mir ins Bett gehen«, nein. Ich mache ihnen den Hof. Ich habe außergewöhnlichen Huren den Hof gemacht, und ich habe es auf dieselbe Weise und mit

derselben Ehrlichkeit gemacht, mit der ich es bei einer Frau von Rang auch gemacht hätte. Mir behagt die Eroberung; auch wenn ich weiß, daß eine nach fünf Minuten mit ins Bett käme, spiele ich das ganze Spiel durch, um zu erreichen, daß sie mit mir ins Bett geht; ich kompliziere alles.
Frage: Das heißt, Sie respektieren das Ritual.
Piacentini: Genau. Ich denke, daß das der Grund meines Erfolges ist; denn ich finde mich nicht hübsch. Ich finde mich nicht zum Wegwerfen, aber ich finde mich auch nicht hübsch. Es gibt so viele Männer, die sehr viel hübscher sind als ich.
Frage: Ist für die Frau die Schönheit wichtig?
Piacentini: Für bestimmte Frauen ja, für den größeren Teil, würde ich sagen. Aber erst heutzutage. Vor fünfzehn Jahren war das anders. Heute will auch die Frau einen hübschen Mann.
Frage: Es kann ja aber auch sein, daß Ihr Erfolg auf die Grundaufrichtigkeit zurückzuführen ist, mit der Sie die Frauen hofieren.
Piacentini: Aber genau so ist es. Das ist etwas, worauf ich sehr viel setze, auf den Umstand also, daß die Frau fühlt, daß ich aufrichtig bin, daß ich mit Eifer bei der Sache bin, daß ich mich durchaus verliebe...
Frage: Wieso, Sie verlieben sich?
Piacentini: Ja, oft. Und es kann bei mir sogar drei Stunden vorhalten.
Frage: Und wie kommt es im allgemeinen zum Bruch? Entscheiden das immer Sie?
Piacentini: Sicher, denn ich bin ein ungeduldiger Mensch. Aber es gibt nie einen wirklichen und eigentlichen Bruch, denn ich gehe mit viel Anstand vor, mit viel Rücksicht. Mir bereiten die Frauen, wie es bei fast allen ist, Verdruß, wenn ich mit ihnen geschlafen habe. Es gibt Leute, die sie aus dem Bett schmeißen. Ich nicht. Ich ertrage es womöglich, daß eine Frau hier in meinem Bett bis zum Morgen schläft. Dann am Morgen sage ich vielleicht, daß ich verreisen muß, ich habe immer Entschuldigungen, ich bin immer auf Reisen, und vielleicht begleite ich sie sogar nach Hause. Das erlaubt mir, mich mit ein bißchen Anstand zu lösen.
Frage: Und die Frauen, die mit Ihnen gehen, verlieben sich die?
Piacentini: Das weiß ich nicht. Ich kann sagen, daß sich vielleicht zehn in mich verliebt haben. Bei den anderen habe ich mich es nicht einmal gefragt. Vielleicht ja. Es hat mich nie interessiert zu wissen, ob sie sich verlieben oder nicht, denn die Frauen sagen mit Leichtigkeit: »Ich liebe dich.« Ich sage das nicht, und das ist wichtig.
Frage: Sie haben Frauen jeder Nationalität, jeder Rasse gehabt?
Piacentini: Ich habe weniger Italienerinnen gehabt als

Gianfranco Piacentini
«Schüchtern... nach viertausend Frauen.»

Frauen anderer Nationalität. Am liebsten habe ich die französische Frau.
Frage: Haben Sie auch farbige Frauen gehabt?
Piacentini: Nein, nie. Ich könnte das nicht.
Frage: Warum? Haben Sie eine Abneigung dagegen?
Piacentini: Ja, ja. Die farbige Frau ist eine leidenschaftliche Frau. Mir gefällt nicht, Geschlechtsverkehr zu haben, der zu lange dauert. Drei oder vier Stunden Liebe zu machen ödet mich an.
Frage: Sie sind einer von wenigen, die das zugeben.
Piacentini: Mir gefällt ein intensiver und kurzer Geschlechtsverkehr. Ich bin einer, der einmal Liebe macht und basta. Drei-, vier-, fünfmal: nie gemacht.
Frage: Sie sind in der Lage, sich zu beherrschen, und bringen das Spiel gut zu Ende?

Piacentini: Ja, ich kann mich beherrschen. Wenn eine Frau mir gefällt und mich reizt, kann ich das Spiel auch ein bißchen verlängern. Aber in der überwiegenden Zahl der Fälle habe ich nicht das Verlangen danach.
Frage: Auf jeden Fall befriedigen Sie stets die Frau.
Piacentini: Mir liegt viel daran, die Frau zu befriedigen. Zuerst befriedige ich sie, dann befriedige ich mich. Auch mit Rücksicht auf den Ruf. Lieber bringe ich enorme Opfer, um nicht zu kommen und sie genießen zu lassen. Man stelle sich eine Frau vor, die mit mir zusammen war und dann herumerzählt: »Lieber Gott, was für eine erbärmliche Fickerei!«
Frage: Also Sie spüren die Verpflichtung, das Bedürfnis, Ihren guten Ruf zu wahren?
Piacentini: Ja, sicher. In Anbetracht dessen, daß ich diesen Ruf habe und daß er mir auch von Nutzen ist. Nicht nur im sexuellen Bereich. Sondern auch auf dem Bereich der Arbeit, auf dem Bereich des öffentlichen Lebens. Ich werde überallhin eingeladen, nicht weil ich mit schönen Frauen hingehe, sondern weil ich sympathisch bin, ich bin fröhlich.
Frage: Was arbeiten Sie?
Piacentini: Im Augenblick arbeite ich für eine Wirtschaftsgruppe.
Frage: Also, Sie finden sogar Zeit zum Arbeiten...
Piacentini: Ja, sicher. Ich habe auch als Fotograf gearbeitet, fünf Jahre lang. Ich bin drei Jahre bei der Twentieth Century Fox gewesen. Ich habe immer irgend etwas gemacht. Aber ich habe immer wie die Araber gearbeitet: wieviel brauche ich diesen Monat? Sechshundertfünfzigtausend Lire? Also arbeite ich für siebenhunderttausend.
Frage: Nehmen Sie Geld von den Frauen an?
Piacentini: Ich habe nie von den Frauen Geld angenommen.
Frage: Wieso, würde Sie das beleidigen?
Piacentini: Nicht weil mich das beleidigte, sondern weil ich es nicht nötig habe. Es kann höchstens passieren, daß, was weiß ich, um nach New York zu fahren, wohin ich ohne Bedenken in der Touristenklasse reisen würde, eine Frau mir aus ihrer eigenen Tasche die Differenz zur ersten Klasse würde bezahlen wollen. Alles in allem normale Dinge.
Frage: Die reiche Frau neigt doch, zumindest aus einem Bedürfnis zu beschützen, dazu, Geschenke zu machen.
Piacentini: Ja, Geschenke habe ich bekommen. Jedoch kann ich eines sagen – und hier wäre ich sogar bereit, eine Nachforschung bei den reichen und berühmten Frauen, die ich gehabt habe, zu machen –, daß für jedes Geschenk, das mir gemacht worden ist, ich zwei gemacht habe.
Frage: Sie haben es immer vergolten.
Piacentini: Immer. Auch weil ich einen Komplex wegen der reichen Frauen hatte. Ich wohne in einem Appartement, für das ich dreißigtausend Lire im Monat bezahle, und das reicht mir. Ich fahre einen Morris, und das reicht mir. Sicher, ich könnte einen Royce haben, wenn ich Wechsel aufnehme, wie es alle machen; aber ich kann Schulden nicht ausstehen. Dann habe ich seit einem Jahr Erfolg beim Abschluß großer Geschäfte als Vermittler beim Kauf von Villen, Grundstücken usw.
Frage: Dieses dank der Gesellschaftsschicht, mit der Sie Umgang pflegen können.
Piacentini: Genau.
Frage: Was ist Ihre Herkunft? Das mittlere Bürgertum?
Piacentini: Ich bin Bürger. Mein Vater ist Dentist, meine Mutter arbeitete als Stickerin.
Frage: Haben Sie eine höhere Schule besucht?
Piacentini: Ja, ich habe eine höhere Schule besucht. Aber mit achtzehn Jahren bin ich abgegangen. Ich bin nur bis zur dritten Klasse in der Oberrealschule gekommen. Ich fand eine größere Bereicherung in der lebendigen Erfahrung.
Frage: Lesen Sie? Was?
Piacentini: Ich lese sehr wenig. Ich lese Comics und ein paar schöne Bücher, ein paar Bestseller. Ich gehe ins Kino. Ich bin vom Bild fasziniert. Ich habe Videokassetten, wo ich die Filme aufnehme. Wenn ich abends ausgehe, schiebe ich das Videoband in den Fernseher, und wenn ich zurückkomme, sehe ich mir das Fernsehprogramm an. Ich wollte auch als Schauspieler arbeiten; ich habe bei Polanski eine Rolle gespielt. Nichts sonst...
Frage: Was war das schönste Abenteuer, das Sie hatten, an das Sie mit dem größten Vergnügen zurückdenken?
Piacentini: Ich denke an eine Spanierin. Ja, eine sehr schöne Spanierin. Ich war fünfundzwanzig, sie achtundzwanzig. Mir haben nie die kleinen Mädchen gefallen, nie. Ich ziehe die reifere Frau vor. Sicher, jetzt ein bißchen weniger, aber alles in allem hat mir immer die Frau zwischen fünfundzwanzig und dreißig, vierzig Jahren

gefallen; es gibt vierzigjährige Frauen, die eine Sache für sich sind. Mit dieser Spanierin, wie ich sagte, hat es eine sehr intensive erotische Erfahrung gegeben, derentwegen ich mich immer an sie erinnern werde. Ich lernte sie in der Via Condotti kennen, sie stand vor einem Schaufenster; ich ging vorbei, sie sah mich an, wir sahen uns an. Wir tranken irgendwas im Café Greco, dann begleitete ich sie ins Hotel, ein Hotel in der Via Veneto. Es war die Zeit, als dieses Lokal unter freiem Himmel von Gabrielli in Mode kam... Wir entschlossen uns, dahinzufahren. Diese Spanierin hatte eine Freundin und ich hatte einen meiner Freunde bei mir, von dem ich jetzt nicht mehr weiß, wer es gewesen ist. Tja, ich weiß nur, daß nach einer halben Stunde im Auto wir vier allesamt nackt waren... wir kamen nie in diesem Lokal an. Das war eine hinreißende Sache, sehr unterhaltend.

Frage: Eine Sache, die im Auto vonstatten ging?

Piacentini: Die ging im Auto vonstatten, auf der Erde, auf der Straße, auf dem Auto, unter dem Auto; unglaublich!

Frage: Und das merkwürdigste Abenteuer?

Piacentini: Das merkwürdigste... tja, eine Frau, die nun tot ist, die Arme. Ich weiß nicht, ob ich ihren Namen nennen kann... Das merkwürdigste, weil sie verrückt war, vollständig. Sie ging so weit, daß sie plötzlich aufhörte, weglief, dann sich im Zimmer einschloß, dann weinte, dann ausging. Es war die arme... (es handelt sich um eine berühmte italienische Schauspielerin, die jetzt vergessen ist).

Frage: Sie denken an die Ehe?

Piacentini: Ja, ja, ich werde heiraten.

Frage: In dem Sinne, daß Sie mit diesem Leben abschließen? Oder einfach, weil es so üblich ist?

Piacentini: Nein, nein. Für mich würde heiraten heißen, abzuschließen. Deshalb werde ich in dem Moment heiraten, wo ich sage: in Ordnung, jetzt ist es genug.

Frage: Sie glauben also an die Ehe?

Piacentini: Absolut.

Frage: Das heißt, an die Familie...

Piacentini: Absolut.

Frage: Kennen Sie die anderen internationalen Playboys? Sind das Ihre Freunde?

Piacentini: Ich kenne sie alle. R.P. ist ein hübscher Mann von dreißig Jahren, sehr reich, sehr groß, blond. Er hat einen Rolls Royce, der ganz mit weißem Fell ausgekleidet ist. Das ist aber ein Sexualkomplex, denn er hat, wenn mir das zu sagen erlaubt ist, einen kleinen Schwanz. Alle wissen das, sie nennen ihn »Lüsterne Stecknadel«... Aber er wohnt in Mailand, der Stadt der Mannequins. Und so geht er jeden Abend mit den schönsten Frauen aus...

Frage: Er ist wohl ein Begleiter, vor allem...

Piacentini: Er ist ein Begleiter. Wissen Sie, er ist einer, der beim Ficken weint, weil er es nicht schafft... Probleme, die ich nicht habe...

Frage: Wen sonst noch?

Piacentini: B.P. Er hat Odile Rubirosa gehabt. Er ist ein hübscher Junge. Auch er war mein Freund. Wir waren zu fünft, vor zehn Jahren, in St-Tropez.

Frage: Unter diesen glauben Sie den wahren Playboy zu verkörpern, den klassischen Playboy?

Piacentini: Ja, absolut. Auch weil die anderen auf der Strecke geblieben sind. Einer, der drei Jahre lang den Playboy spielt... Bei mir sind es zwanzig Jahre, die ich das mache. Das heißt, ich habe nie nachgelassen. Ich sage nicht, daß ich besser geworden bin, aber wenigstens bin ich auf demselben Niveau geblieben. Die anderen nicht, die anderen haben nur einen Sommer lang gelebt. Oft weggejagt; ausgehurt.

Frage: Sie erinnern sich nicht, ob Sie als Kind jemals Verwirrungen empfunden haben, ob Sie sich nie von Ihrer Mutter angezogen fühlten?

Piacentini: Nein. Absolut nicht. Auch weil ich meine Mutter für eine Bäuerin halte, eine typische gute bäuerliche Mamma; also konnte mir meine Mutter sicher nicht gefallen.

Frage: Sie fühlen sich insbesondere von berühmten, bedeutenden Frauen angezogen?

Piacentini: Ja. In diesen Fällen reizt mich die Eroberung besonders. Sie zu meinen Füßen zu sehen, gibt mir ein Hochgefühl, es regt mich an.

Frage: Und wie erhalten Sie sich Ihre blendende körperliche Verfassung?

Piacentini: Jaa... ich esse nur einmal am Tage. Ich habe nie Sport getrieben: ich kann nicht Ski laufen, ich kann nicht schwimmen. Ich habe ein Chalet in Gstaad, aber ich kann nicht Ski laufen; ich habe ein Motorboot, aber ich kann nicht schwimmen. Wie man sieht, rauche ich viel, aber von einer Zigarette nehme ich nicht mehr als drei Züge. Das ist alles.

Marcolina mit blauem Auge ▷

Casanova heute

Sechs Gespräche
von Liliana Betti
und Gianfranco Angelucci
mit
Wissenschaftlern
und Literaten

EIN BÜRGER EUROPAS

Gespräch mit dem Historiker Piero Chiara

Frage: Die einfachste Frage an den Casanova-Kenner: wer war Casanova?

Chiara: Wir in Italien haben eine wenig vollständige Vorstellung von Casanova, während in Frankreich, in Holland, in England, in der Schweiz und besonders in Deutschland die Casanova-Forschung es vermocht hat, die Gestalt Casanovas ziemlich gut zu erhellen. In Italien sind diese Untersuchungen, die sich mit Persönlichkeiten wie Rava, d'Ancona, Croce, Curiel und einigen anderen verknüpfen, in einem recht engbegrenzten Feld geblieben. Es hat sich daher eine Auffassung herausgebildet, die vor allem auf der Geltung des Mythos Casanova fußt, der zum Merkmal des ›coureur de femmes‹ geworden ist. Daher gilt Casanova als ein Mann, der vor allem den Frauen, dem Abenteuer ergeben ist; er ist der typische Abenteurer des 18. Jahrhunderts, einer von denen, die am besten das Phänomen der Abenteurer des 18. Jahrhunderts verdeutlichen. Diese Art von Zerstreuung, die nicht allein Casanova in der Magie, beim Betrug, beim Erfolg in der Welt hat triumphieren sehen, sondern auch Cagliostro, da Ponte (der es zum Librettisten Mozarts brachte und auch ein Freund Casanovas war) und viele andere, mindere und unbekannte Erscheinungen wie Afrisio, den Grafen Celi, Antonio della Croce oder bloß Croce. Alles Personen, die Casanova ähnlich waren, Abenteurer, die zu bestimmten Zeiten im Jahr einander in bestimmten mondänen Örtlichkeiten im damaligen Europa begegnen konnten. Diese Ansicht von Casanova als einem Wüstling konnte schließlich zu einem Klischee werden, das von allen akzeptiert und erst nach 1962/63 überwunden wurde, als der Verleger Brockhaus endlich seine Zustimmung gab, die Forscher die 4545 Seiten des Casanova-Manuskripts der ›Geschichte meines Lebens‹ sehen zu lassen, und die Veröffentlichung zuließ, die im Original und also auf französisch durch ein Übereinkommen zwischen Brockhaus und Plon zustande kam, Brockhaus, dem Eigentümer des Manuskripts (weil ein Brockhaus es von einem Großneffen Casanovas 1822 erworben hatte), und Plon (einem großen Buchhändler in Paris, der den Vertrieb übernommen hatte).

Als Casanova die Erinnerungen an sein Leben schreibt, ist er ein alter Mann, der aus Erbarmen und Hochherzigkeit von einem großen böhmischen Herrn, dem Grafen Waldstein, aufgenommen worden war. Er lebt in einer noch feudalen Umgebung. Seine Gastgeber, die Gebieter über sein Leben und Brot, wie Porta sagen würde, gehören der Herrenschicht an, und folglich hat er eine Meinung von der europäischen Politik, die von dieser seiner Situation herrührt, und infolgedessen verurteilt er die Revolution als einen schrecklichen Exzeß, er sieht nicht ihre tieferen Ursachen, die er noch dreißig Jahre zuvor gesehen hatte, als er in Frankreich lebte und gesagt hatte: nur eine Revolution könnte dieses Land hier wieder in Ordnung bringen, das sich auf Formen des Despotismus und der inneren Verkommenheit zubewegt, wie es auch in Venedig geschieht. Casanova hatte die Forderungen der Enzyklopädisten vernommen, aber als dann die Revolution losbricht, ist er bereits von der Welt abgeschnitten, ist er Bibliothekar geworden, der damit beschäftigt ist, sein eigenes Leben mit Hilfe dieser Selbstbiographie zu rekonstruieren, und sieht die Revolution als ein schreckliches Vorkommnis an, als eine Reihe nutzloser Blutbäder. Er wird fürchterliche Dinge gegen Robespierre, gegen Mirabeau schreiben; er ist also ein ganz anderer Casanova als der, den man sich hatte vorgaukeln können.

Als sich dieses zuträgt, ist Casanova nicht mehr der Casanova des Klischees, den wir kennen, er ist ein Mann, der den Studien, den Reflexionen ergeben ist, der nun auch ein bißchen den Moralprediger spielt. Er hatte die letzten zehn Jahre auf den Schultern, die er in Venedig nach der Begnadigung gelebt hatte, die ihm die Rückkehr in die Stadt erlaubt hatte, und in diesen zehn Jahren hatte er sich sogar dazu hergegeben, demselben Gericht als Zuträger zu dienen, das ihn zu den Bleikammern verurteilt hatte. Es ist nicht so, daß man ihn als heruntergekommenes, erbärmliches Wesen betrachten kann, das sich anpaßt, um für die Polizei als Zuträger zu arbeiten. Das war damals eine sehr gewöhnliche Sache, und seine Art der Denunziation war sicher eher gedankenlos. Aber anhand seiner Anzeigen wird man gewahr, daß er sich über diejenigen aufregt, die mit Konkubinen zusammenleben, über die, die spielen, über die, die zur Homosexualität neigen. Das ist ein seltsamer Casanova, der Moralapostel, der im Grunde sich selbst verneint und auch seine eigene Epoche verleugnet; aber es ist auch einer der Aspekte, die ihn im Grunde als einen Philosophen auf seine Art zu erkennen geben und als einen Träger einer bestimmten Philosophie. Er ist Anti-Voltairianer; nachdem er Voltaire maßlos geliebt hatte, schreibt er gegen Voltaire und behauptet, daß die Religion unverzichtbar sei, weil sie die Instinkte der Menschen bändige, er sieht sie utilitaristisch als eine für eine gute Gesellschaft notwendige Sache an.

Als er die Geschichte seines eigenen Lebens schreibt, sagt er in einem Brief an den Fürsten de Ligne, wenn ich mich recht erinnere, daß in keinem Land, das die guten Sitten liebe (und welches Land ist das, das die guten Sitten nicht liebt?), dieses Buch jemals veröffentlicht werden wird, weil es ein Buch voller Situationen sei, die nunmehr der neuen Sehnsucht nach Ordnung widersprechen, die nach der Französischen Revolution aufkommt. Er bemerkt, daß die Welt im Begriff ist, kleinbürgerlich zu werden, und so fängt er an, sich mit all den Mythen zu befrachten, die für ein Kleinbürgertum natürlich sind, das sich selber verteidigen will und folglich bestimmte Exzesse und bestimmte exzessive Freiheiten verhindern muß, und er ist ein wenig der Vorreiter dieser neuen Welt. Aber dieses ist einer der Widersprüche im Casanovaschen Geist.

Wie dem auch sei, als Brockhaus endlich die Veröffentlichung dieses Werkes möglich macht und man mit Sicherheit die Launen, die politischen und moralischen Entscheidungen Casanovas zu erkennen imstande ist, wird man gewahr, daß das Phänomen Casanova sehr viel komplizierter ist, als es scheinen konnte. Er ist nicht mehr der typische Libertin, er ist ein Mensch voller Verantwortungsbewußtsein, voller Aufmerksamkeit dem Leben seiner Zeit gegenüber. Er ist nicht der Mann, der, als er in Polen ist, nur den Frauen nachläuft, in die Garderoben der Schauspielerinnen geht (die zu dieser Zeit immer und überall Italienerinnen sind), ein Duell mit dem Grafen Branicki annimmt oder sogar provoziert (ein Duell, von dem vierundzwanzig europäische Zeitungen berichten werden und das ihm eine enorme Berühmtheit einbringen wird); über diese Dinge hinaus studiert er die politische Lage Polens, eines Landes, das in diesem Moment in gewissem Sinne das Zünglein an der Waage Europas war, dabei, sich in den aufeinanderfolgenden Teilungen zu zerfleischen, die es erlitten hatte und unter der Regierung Stanislaus Poniatowskis weiter zu erleiden im Begriff stand. Eines Landes, das im Innern schon in zwei Parteien geteilt war, eine prorussische und eine Unabhängigkeitspartei. Casanova durchforschte diese Situation und begann dieses Werk zu schreiben, ›Die Geschichte der Unruhen Polens‹, das heute von den russischen und polnischen Historikern und überhaupt von den Historikern jenseits des Eisernen Vorhangs für einen der wichtigsten Beiträge zur Geschichte der Epoche gehalten wird, die vom Ende der Regierung Peters des Großen bis zur Thronbesteigung Katharinas II. reicht.

Er studiert intensiv diese Epoche, wirklich nach dem Leben, und schreibt diese drei Bände der Geschichte der Unruhen Polens, und er schreibt auch den vierten Band, von dem alle glaubten, daß er ihn niemals geschrieben habe, weil man aus der nachgelassenen Korrespondenz von einem Streit zwischen ihm und dem Drucker erfuhr, der in Udine saß und dem er den vierten Band nicht aushändigte. Und tatsächlich gab er ihn ihm nicht, und so dachte man sich, daß er ihn auch nicht geschrieben habe. Auch der vierte Band ist indessen zum Vorschein gekommen und kommt in diesen Tagen heraus. Das Werk ist also vollständig. Durch die Geschichte seines Lebens hindurch bemerkt man, wie nichts seiner Beobachtung entgeht. Als er in England ist, beschreibt er England, er läßt es in seinen gerichtlichen und polizeilichen Organismen, in seinen Gefängnissen, seinem Banksystem, seinem Handel lebendig vor uns erstehen; er untersucht es von Grund auf, er empfindet es geradezu als einen lebenden, zuckenden Körper. Dasselbe macht er mit der Schweiz, die er genauestens kennt. Reden wir da nicht erst von Frankreich, das, würde ich sagen, die dauernde Herausforderung an seine Aufmerksamkeit ist. Er untersucht es von Grund auf und versteht es von Grund auf (es scheint auch, daß er zu einer bestimmten Zeit für Dienste, die er Frankreich geleistet hat, eine Belohnung erhielt; Kredite, die er für die französische Regierung in Holland abschloß, ich würde auch sagen, Spionageaufträge für Frankreich). Er hatte unter anderem das Lottospiel in Frankreich eingeführt und es zum Teil als Geschäft be-

Casanova wartet auf Maddalena

trieben; zunächst hatte er in Frankreich eine Industrie für bedruckte Baumwollstoffe ins Leben gerufen. Er scheint auch die französische Staatsbürgerschaft besessen und nach der Revolution wieder abgegeben zu haben, als er fühlte, daß Frankreich in einem Blutbad die Spuren des Jahrhunderts getilgt hatte, das er für wunderbar und unwiederholbar hielt. Dafür hatte er eigens den berühmten Satz geprägt: »Wer nicht vor der Revolution gelebt hat, weiß nicht, was Lebensfreude heißt.« Er hatte außerdem alle italienischen Kleinstaaten von Neapel bis zur päpstlichen Regierung in Rom und in den Gesandtschaften der Marken, Bolognas und Turins beschrieben. Jede der Städte, von denen er spricht, wird so gesehen, wie sie nur einer sehen kann, der alle Kenntnisse der Politik, Soziologie und Ökonomie besitzt. Er spricht von bestimmten Kreditbriefsystemen und von bestimmten Bedingungen, Geld zu verschicken, wie man es heute mit einem Rundscheck machen würde. Er interessiert sich für tatsächliche Probleme der Soziologie, wie es sein Projekt der Neubesiedelung der Sierra Nevada unter Beweis stellte. Die spanische Regierung dachte daran, eine bäuerliche Bevölkerung nach dem Muster der schweizerischen zu schaffen, die sich das Bergland zunutze machen würde (also Weidewirtschaft, Käseindustrie), und sie hatte Versuche unternommen, die aber mißlungen waren.

Er stellt ein Projekt auf, in dem er zu der Erkenntnis kommt, daß man eine Bevölkerung nicht so unversehens importieren kann. Man muß Väter, Gatten, Ehefrauen mit den Großeltern und Enkeln, mit ihren Priestern, mit ihrer Sprache, mit ihren Sitten ins Land ziehen, weil eine Kolonie zum Sterben verurteilt ist, die diese Gliederung nicht hat, in der man ein unabhängiges Leben führt, während man in einem anderen Land die Bedingungen ersten läßt, die im Grunde der Tradition angehören und also unverzichtbar sind. Er ist wirklich ein tiefgründiger Geist. Er ist wie ein Lackmuspapier, das den tiefen Widerspruch und auch die tiefen Einsichten hervortreten läßt, die Vorwegnahmen des 18. Jahrhunderts. Das 18. Jahrhundert ist das Jahrhundert, in dem das moderne Leben seinen Anfang nimmt, würde ich sagen, denn im 18. Jahrhundert gibt es die großen Entdeckungen: die Elektrizität, den Dampf, Newtons astronomische Entdeckungen, die dem Universum eine neue Dimension geben. Und er ist von diesen Entdeckungen

Im Lustschloß

unterrichtet und macht sich zu ihrem Herold, er schreibt sogar einen Essay über die Neologismen, die durch die Französische Revolution in die französische Sprache eingeführt wurden. Es gibt kein Problem, das ihm fremd ist. Sein Blick ist wahrlich ein Rundblick über das Leben und den Menschen, und von daher ist seine Philosophie, die ein wenig dem Materialismus und ein wenig dem Sensualismus verbunden sein mag, gerechtfertigt.

Es gibt eine Untersuchung von Bozzòla über Casanova als Aufklärer. Seine Philosophie entfaltet sich aus der Praxis, aus der Beobachtung dessen, was konkret und nützlich ist, weshalb er auch dazu gelangt, an die Notwendigkeit zu denken, die Religion zu erhalten und Herrn Voltaire zu fragen, was er denn an die Stelle der Religion setzen möchte, wenn er sie zerstört habe, wie er es vorgehabt hätte. Obwohl er unreligiös, obwohl er im Grunde ein Materialist, ein Deist war.

Übrigens als er mit dreiundsiebzig Jahren in diesem kalten Zimmer des Schlosses in Dux stirbt, an einem Tage, an dem nicht einmal der Graf, sein Beschützer, anwesend war, möchte er, daß jemand von Bedeutung seinem Tode beiwohne. Aber er hat niemanden da als den Schloßbedienten und vielleicht den Arzt Relli (mit dem er disputiert hatte und dem er beigebracht hatte, wie die Verdauung funktioniert; dieser Arzt kannte in der Tat Casanovas Leberfunktion und die Tätigkeit seiner Bauchspeicheldrüse weniger gut, als jener sie indessen verstand. Ärzte und medizinische Wissenschaftler haben Casanova immer als Beispiel für die Medizin des 18. Jahrhunderts vor sich, durch die Beschreibungen, die er von den eigenen Krankheiten liefert und die er perfekt beschreibt; von einer Lungenentzündung, von einem heftigen Nasenbluten, das er in frühem Alter hatte, und von den verschiedenen Geschlechtskrankheiten, von denen sein Leben durchzogen ist; und von den Kuren, bei denen er der medizinischen Kunst so viel Magie hinzufügt, daß er damit protzen kann). Als er stirbt, sagte ich, sagt er vor diesem kleinen Hof von Dux: »Ihr seid Zeugen meines Todes. Ich habe als Philosoph gelebt, ich sterbe als Christ.« Tatsächlich beichtet er und nimmt das Abendmahl und versucht auch hiermit, eine Vorstellung von dem zu geben, was die Synthese dessen war, was er in die Tat umgesetzt hatte.

Ja, man kann nach den Vorschriften des Jahrhunderts

Casanovas vergoldeter Vogel

leben, aber man muß sich nicht von gewissen fundamentalen Normen lossagen, die praktisch erst zu leben gestatten. Es ist schwer, eine Welt wiedererstehen zu lassen, wenn man von allem die Sitten, die Art zu leben, bestimmte Normen beiseite läßt, die nunmehr ins allgemeine Bewußtsein eingedrungen und im Grunde die Normen einer christlichen Moral sind. Das ist es, weshalb seine Gestalt nicht die Gestalt ist, von der man vordem sagte: der Libertin, der von einem Abenteuer zum anderen eilt. Er ist etwas sehr viel Komplizierteres. Deshalb ist es auch statistisch gesehen richtig, zu betrachten, daß die viertausendfünfhundertfünfundvierzig Seiten seiner Memoiren vielleicht nur zu einem Fünftel von Frauen und Abenteuern mit Frauen reden, während die anderen vier Teile von der Wissenschaft, der Diplomatie, der Ökonomie, der Geschichte sprechen, Persönlichkeiten beschreiben, uns das Porträt Voltaires geben, Friedrichs II. von Preußen, mit dem er zu tun hatte, Katharinas II., mit der er lange in den Gärten der Eremitage spazieren gegangen ist, während er ihr die Reform des russischen Kalenders vortrug, ein Werk, das er dann veröffentlicht oder zumindest zum Teil geschrieben hat. Er hat Wissenschaftler wie Haller in der Schweiz gekannt, Schriftsteller wie Voltaire, er hat Mozart gekannt, mit dem er Tür an Tür gewohnt hat, und möglicherweise, vielmehr mit Sicherheit ist er an einigen Stellen des ›Don Giovanni‹ beteiligt, denn es haben sich Vorentwürfe im Casanova-Archiv gefunden. In Abwesenheit da Pontes, der nach Wien gefahren war, scheint Mozart, der eine Szene erweitern mußte, sich in Prag an Casanova gewandt zu haben, und dieser scheint für ihn eine Reihe geistreicher Wendungen verfaßt zu haben. Er ist Autor einiger theatralischer Arbeiten, von denen keine Spur geblieben ist; aber das Theater war seine Welt, denn Casanovas Mutter war eine der größten Schauspielerinnen des 18. Jahrhunderts gewesen: die Buranella, dieses wunderschöne Mädchen, das eine große Theaterkarriere gemacht hatte und, vom sächsischen Regenten als Hofschauspielerin in den Ruhestand versetzt, gestorben war. Er kannte das Theater so gut, daß die Beschreibungen, die er uns von der ›Comédie italienne‹ in Paris und Warschau und von allen Theatern in Italien gibt, unübertrefflich sind. Tat-

sächlich ging er, sobald er in einer Stadt eingetroffen war, ins Theater, ging in die Garderoben, wo er die Freundinnen seiner Mutter traf, die Töchter der Freundinnen seiner Mutter, seine Freunde, die Tänzer und Pantalones. Das Theater war seine wirkliche Welt, er war mit diesem Netz italienischer Komödianten in Europa verbunden, wie er vielleicht mit dem Netz der freimaurerischen Welt verbunden war. Man sagt geradezu, daß viele seiner Reisen auf Aufträge hin, die er von Logen hatte, zustande gekommen seien. Daß er Freimaurer war, ist sicher, denn er gibt es selbst zu, und von seiner Haft unter den Bleidächern hat man erst vor wenigen Jahren den Hauptgrund erfahren: nämlich die Häupter der Freimaurerei in Venedig eingeführt zu haben. Er war Mitglied bei einer französischen Loge gewesen, und tatsächlich sind unter den Dingen, die man bei seiner Verhaftung beschlagnahmt, Schärpen und freimaurerische Bücher. Er war also mit allem verbunden, woraus sich das damalige Europa zusammensetzte, mit der Freimaurerei, mit der Welt des Theaters und der Literatur. Er hatte Dispute und Begegnungen mit allen Literaten der Epoche, von Algarotti, der hochgeschätzt war, von Voltaire, der ihn indessen wenig schätzte, bis zum großen Simone Stratico von der Universität Padua. Ich würde sagen, daß er überall den Kontakt mit den Intellektuellen suchte, ohne schlechte Figur zu machen, er war mit Vergnügen in die Französischschule bei Crébillon dem Jüngeren gegangen, er hatte persönlich d'Alembert gekannt, den großen französischen Mathematiker; er war sogar einer Kommission unterstellt, die von d'Alembert geleitet wurde und deren Aufgabe die Einführung des Lottos in Frankreich war. Überall hatte er die vom intellektuellen und politischen Standpunkt aus gesehen repräsentativsten Personen gekannt.

Er hatte mit Joseph II. zu tun, mit Kaunitz, dem großen Minister Maria Theresias, mit den Granden Spaniens und den Mächtigen in Holland; ich weiß nicht, mit wem er keinen Kontakt gehabt hätte.

Er ist nach und nach wohl mit allen lebendigen Punkten im Europa seiner Zeit in Berührung gekommen und, was wichtig ist, hat sie in einem Werk wiedererstehen lassen und gewürdigt, das die Geschichte eines Libertins zu sein scheint, aber die Geschichte eines Mannes des 18. Jahrhunderts ist, der über einen absolut unvergleichlichen Blickwinkel verfügte, weil niemand ihn von einer solchen Weite haben konnte wie ein Libertin, ein ungebundener Mensch, wie ein Bürger Europas, der er war. Er ist wirklich ein Bürger Europas. An einem bestimmten Punkt sagt er selber: »Ich bin nicht mehr Venezianer, denn sie haben mich weggejagt und ich bin gegangen, ich bin nicht mehr Franzose, denn ich habe auf die Staatsbürgerschaft verzichtet, ich bin kein Deutscher, denn hier bin ich Gast; ich bin ein Mann, der der Menschheit angehört.«

Deshalb hat er auch den klaren Blick für die Taten Napoleons. Er sieht ganz deutlich das Ende der napoleonischen Herrschaft voraus, und geradezu in prophetischen Bildern sagt er die Zeiten vorher, in denen sie zerbröckeln wird; zum Beispiel sagt er von den griechischen Inseln, die französisch geworden waren, daß sie das fünf Jahre bleiben würden, und tatsächlich bleiben sie es so lange. Er wird den venezianischen Patriziern sagen, daß sein Wunsch, bevor er stürbe, sei, nach Venedig zurückzukehren, aber nicht mehr als Venezianer, nicht mehr als Untertan dieser Oligarchie, sondern mit einem Paß eines deutschen Staates, um seine alten Mitbürger und seine alten Herren zu sehen, wie sie zu österreichischen Untertanen geworden sind. Er hat gewissermaßen ein Vergnügen daran, sie so geendet zu sehen, obwohl er doch tiefe Schwermut bei dem Gedanken empfand, daß diese alte Republik, die sein natürliches Vaterland war, so elend zugrunde gegangen war. Das ist Casanova, wie er nicht allein aus der Geschichte seines Lebens ersteht, sondern auch aus seinen Briefen, im besonderen aus dem wunderbaren Brief an Pietro Zaguri, eben dem, wo er seine Gedanken über das Ende, das Venedig genommen hat, ausdrückt. Ohne Ende sind die anderen Episoden, die dazu beitragen können, diese Figur besser einzuordnen, die von vielen Blickpunkten aus erforscht werden kann: als Zerstörer einer gewissen Moral des 18. Jahrhunderts und in bestimmten anderen Aspekten wiederum als ein Bewahrer oder Reaktionär. Er ist ein bißchen alles gewesen, gerade aus der Notwendigkeit heraus, seine eigene Epoche zu verstehen.

Frage: Wenn Sie persönlich Einwände gegen die Gestalt erheben müßten, welche könnten das sein? Oder haben Sie keine?

Chiara: Ich werfe mich nie zum Richter von Personen auf, die in einer bestimmten Zeit gelebt haben, weil es unmöglich ist, mit der Einstellung von heute das Be-

Annamaria fällt in Ohnmacht ▷

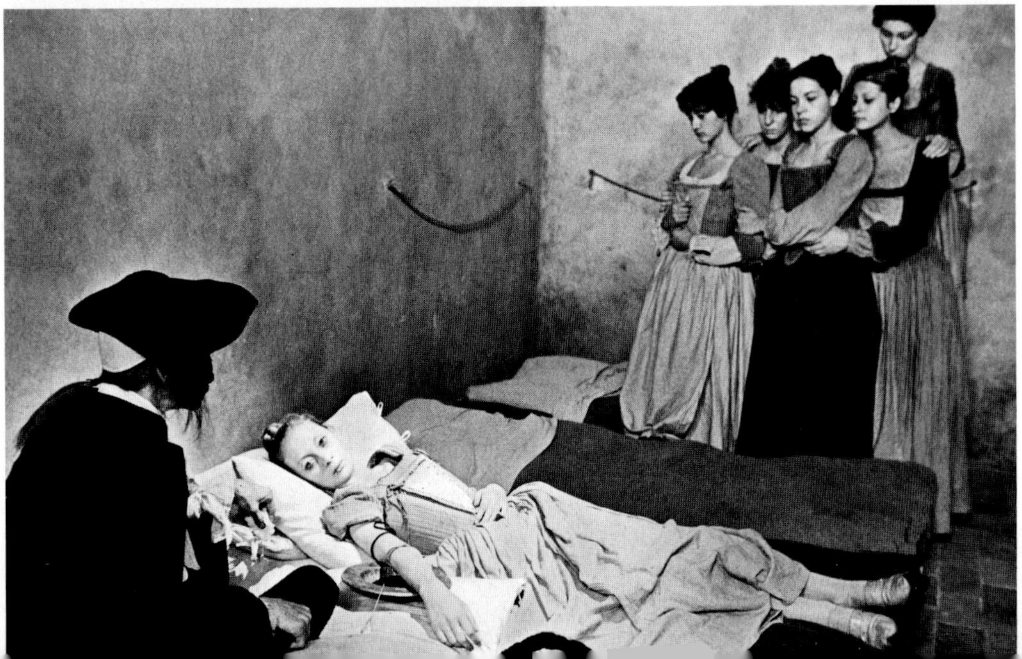

nehmen eines Menschen des 18. Jahrhunderts oder eines Menschen, der im 2. Jahrhundert n. Chr. gelebt hat, wie Petronius Arbiter oder Seneca, zu beurteilen. Jeder hat in seiner Zeit so gelebt, wie er gekonnt hat, und nach bestimmten Anschauungen, die wir nicht mehr soweit rekonstruieren können, daß wir sie zu beurteilen vermögen. Ich urteile nicht. Wahr ist, daß Casanova ein Mensch ist, der eine bestimmte Moral verletzt. Es ist bekannt, daß die Frauen immer eine Antipathie gegenüber Casanova empfunden haben, und viele haben erklärt...

Frage: Die nach ihm geborenen Frauen, Sie wollen sagen, die Frauen von heute, nicht die Frauen seiner Zeit?

Chiara: Nein, die Frauen, die ihn geliebt haben, zweifellos nicht. Die Frauen, die Casanova nach seinem Werk beurteilt haben, haben ihn als Persönlichkeit nie akzeptiert, eben weil man sagt, daß Casanova das Beispiel des Mannes ist, der sich nie an eine Frau gebunden hat. Auch die Frauen sind für ihn eine Episode in seinem Leben, sind eine Art, das Leben zu erkunden, aber sie sind kein Ziel. Er wechselt ewig von einer zur anderen, ein bißchen wie Don Giovanni in gewisser Weise. Als er Henriette kennenlernt – und da ist er ein Mann von zwanzig Jahren –, macht er aus dieser Begegnung und aus den Monaten, die er mit diesem rätselhaften Kind verlebt, einen wahren Liebesroman, einen wunderbaren Liebesroman. Und an dieser Stelle ist klar, daß Casanova wirklich verliebt ist.

Frage: Henriette ist die einzige Frau, die er geliebt hat?

Chiara: Vielleicht ist auch Manon Balletti der Gegenstand wahrer Liebe gewesen, aber Henriette hat er mit der Großzügigkeit und der Leidenschaft der Jugend geliebt. Er hat mit ihr monatelang zusammengelebt, er hat vierzehn Tage mit ihr in Mailand, in ein Zimmer eingeschlossen, verbracht, ohne die Stadt zu sehen, so sehr war er in diese weibliche Gestalt vertieft. Aber vielleicht hatte allein Henriette Gelegenheit, zu sehen, wie sie auf einen Mann voller Intelligenz, Kraft und Jugendlichkeit gewirkt hat, die diesen Casanova mitten im Winter sie hat bis nach Genf und über den Mont Cenis begleiten sehen, als sie sich entschließt, zu ihrer Familie zurückzukehren; die mit ihm die letzten Tage in Genf im Hotel ‹Zur Waage› verbringt. Bevor sie weggeht, während Casanova sie nicht sieht, schreibt Henriette mit einem Diamanten auf das Glas eines Fensters: »tu oublieras aussi Henriette«, du wirst auch Henriette vergessen. Sie hat verstanden, daß Casanova dazu geboren ist, zu haben und zu lassen, und nicht der Sklave einer Frau, eines Gefühls zu bleiben, oder von einer Frau zur anderen zu wechseln. Das ist es vielleicht, weshalb Henriette, die, wenn sie wollte, mit Casanova hätte leben können, weshalb zu einem bestimmten Zeitpunkt Henriette es ist, die sich entschließt, zur Familie zurückzukehren: sie hat verstanden, daß er nicht der Mann ist, der sich einschließen kann, daß er ein Mann reich an Schicksalen ist, wie alle wahren Abenteurer.

Frage: Ihre Zuneigung als Wissenschaftler zu einer zweifelsohne interessanten Persönlichkeit ist so total, ist das auch eine menschliche Zuneigung?

Chiara: Wenn ich zur Zeit Casanovas gelebt hätte, wäre er mir vielleicht auch ein bißchen unsympathisch gewesen, denn er war ein verletzender Mensch, der diskutierte, indem er den Gegner stets einschüchterte, der immer recht haben wollte, der jede beliebige Meinung vertrat, Hauptsache, es war eine Meinung, die ihm zu polemisieren erlaubte, er war der geborene Polemiker, er vertrat alle Gesichtspunkte, er war ein Dialektiker, er konnte Erfolg haben, indem er verletzte, denn wo er war, war es schwer, etwas Eigenes vorzubringen.

Männer, die zu jener Zeit eine Vorrangstellung einnahmen, wie der Fürst de Ligne, der Autor der ›Mémoires d'un mondain‹, und andere, hatten eine hohe Meinung von Casanova. Er war ein Mensch, der sich auch beliebt zu machen wußte. Wenn ich ihn in seiner Gesamtheit beurteilen müßte... Casanova hat gewiß einige ein bißchen abstoßende Seiten, zum Beispiel auch sein Sich-Beugen, um als Zuträger des Staatsgerichts zu arbeiten, und bestimmte andere seiner Haltungen. Er selber ist auf der anderen Seite der unnachsichtige Richter seiner Taten. Als er in Spanien war, begeht er gegenüber dem venezianischen Botschafter und seinem Sekretär eine böswillige Tat, denn er enthüllt, daß dieser Botschafter ein Sodomit sei und sein Sekretär sein Geliebter, während diese beiden ihn mit Wohltaten überhäuft und ihm dazu verholfen hatten, aus dem Gefängnis freizukommen, in das er gekommen war, weil er verbotene Waffen besaß. Er benimmt sich nichtswürdig, gewiß, aber er ist es, der es uns erzählt, er ist es, der sagt, daß es sich um eine wahrlich abscheuliche Sache handelt und daß er sich nicht einmal klar darüber war, warum er diese Tat hatte verüben können. Er selbst gibt im übrigen

◁ *Edvidge, die junge Theologin (Sara Pasquali), Graf Saint-Germain (Harold Innocent) und ein gerührter Gast dinieren bei Madame d'Urfé*

ungewöhnliche sexuelle Praktiken zu, er gibt Inzesthandlungen zu, er erzählt uns von diesen Inzesten mit seinen eigenen Töchtern. Töchtern von Geliebten, die er gehabt hatte; das ist dermaßen schockierend, daß man geradezu zu denken geneigt ist, daß diese Inzeste vielleicht nicht einmal wahr sind und daß er sie sich nur zuschreibt, weil er auch über das Problem des Inzestes die naturalistischen Ansichten, die damals in Mode waren, siegen lassen möchte. Er schreibt sich unbezweifelbar ein paar halbe Morde beim Duell und aus Gründen der persönlichen Verteidigung zu. Alles in allem zeigt er von sich auch das Schwarze, und nicht nur das, was weiß und rosa ist. Aber er hat noch eine Menge anderer Tugenden. Er ist einer der ersten, die die Gleichstellung der Frau unterstützen, die zugunsten, ich sage nicht: der Abtreibung, aber zugunsten einer Gesetzgebung über die Abtreibung sprechen, er ist der erste, der von weiblicher Emanzipation spricht. Sein ganzer Essay ›Lana caprina‹ ist zur Verteidigung der Frau verfaßt. Er ist gegen den altmodischen Aberglauben, der der Frau im Vergleich zum Mann eine geringere Rolle zuschreibt, er verspottet die beiden Professoren der Universität Bologna, die sich in zwei Broschüren des langen und breiten über den weiblichen Körper äußern und nachweisen, daß es zwischen Uterus und Gehirn einen Zusammenhang gebe. Er verlacht solche Dummheiten oder auch andere, die behaupten, daß der Uterus ein Tier sei, das im Körper der Frau lebt. Er hat eine präzise Vorstellung von der Eigenständigkeit und auch von den psychischen Funktionen des weiblichen und des männlichen menschlichen Wesens. Er ist voller Erleuchtungen, möchte ich sagen, außerordentlich klarer Einsichten; trotzdem kann er sich manchmal auch als unsympathisch erweisen, wie einer, der öffentlich beichtet.

Frage: Und welche Aktualität hat die Gestalt heute?

Chiara: Die Aktualität liegt darin, daß er mit einem Jahrhundert verbunden ist, dem wir zweifellos den Anstoß zur Wissenschaftlichkeit verdanken. Und dann auch, weil er ein Mensch der Erfahrung ist, er ist ein Mensch, der gegenüber allem ein gleiches Interesse zeigt, er ist an der Totalität des Lebens interessiert, er ist ein ganzer Mann, er ist eine vor Leben strotzende Gestalt, er ist der Wortführer eines ewigen Bedürfnisses des Menschen, alles Reale zu verstehen, sich nicht in ein begrenztes Traumbild einzukapseln. In diesem Sinne ist er aktuell, weil er dem Menschen von heute zeigt, wie er, sagen wir, herangehen muß an die Wissenschaft und das Wissen, um sie in ein Bewußtsein zu integrieren, das auf die Zukunft ausgerichtet ist. Ein Kennzeichen alles dessen ist auch sein utopischer Roman ›Icosameron‹, der der Traum von einer perfekten Gesellschaft ist, in der die Gesetze in einer bestimmten Art und Weise funktionieren. Er ist eine Utopie, er gehört zur utopischen Literatur des 18. Jahrhunderts, in manchem ahmt er Voltaire und andere nach, aber er ist nichtsdestoweniger ein großzügiger Versuch, die Zukunft zu sehen. Er stellt sich sogar vollkommen glatte Straßen vor, die über der Erde errichtet werden und auf denen schnelle Fahrzeuge wie Automobile fahren; er denkt sich Projektile aus, die Giftgase enthalten, er denkt sich sogar einen Federhalter mit Tintenbehälter aus. Von der Kindheit bis zum Alter ist er voller Zukunftsideen. (...)

Frage: Glauben Sie, daß Casanova einen negativen Einfluß auf die Sitten, das heißt auf die Don-Giovanni-Mentalität des italienischen Mannes gehabt hat?

Chiara: Das, glaube ich, kommt nicht so sehr von Casanova als von der romanischen Rasse im allgemeinen her, die eher dazu geneigt ist, die Erfahrungen mit dem weiblichen Geschlecht mit einer gewissen Gefühlsindifferenz zu wiederholen. Es ist allgemein bekannt, daß der Romane, der Südeuropäer in Spanien, Frankreich, Italien, eine eher verdrehte Vorstellung von der Liebe hat, im Unterschied zum nordischen Menschen, der vielleicht durch die protestantische Erziehung mehr zur Ernsthaftigkeit der Gefühle neigt.

Hier dagegen ist man zur absoluten Freiheit geneigt, dazu, der Frage der Gefühle keine Bedeutung zu geben. Und auch Casanova ist in einem gewissen Sinne so; aber er ist auch der Werber für den Wert der Gefühle. Man muß das Augenmerk auf den tiefen Unterschied richten, der zwischen Casanova und dem Mythos Don Giovannis besteht. Don Giovanni ist der Verführer, der die unschuldigen Seelen verdirbt und zum Laster geneigt macht; Casanova hat nie Verführungen begangen. Die Frauen, die Casanova gehabt hat, waren Frauen, meistens Schauspielerinnen, die schon wer weiß wie viele Liebhaber gehabt hatten. Vielmehr sagt er in einem Bekenntnis, das man ihm als ehrlich abnehmen muß, daß das einzige Mal, da er ein Mädchen als erster hätte haben können, er sich ihrer enthalten hat, er hat nicht den Mut gehabt. (...)

Selbst Henriette hatte bereits die eheliche Treue gebrochen und war deshalb zur Strafe in ein Kloster nach Rom gebracht worden. Sie ging mit einem alten Herrn durch die Straßen Roms, der möglicherweise ihr Schwiegervater war und sie zu einem Kloster führte. Sie war geflohen, sie hatte im Wagen eines ungarischen Offiziers Zuflucht gesucht, der in Richtung Norden fuhr, und hatte mit diesem alten Offizier ein paar Monate lang gelebt. Als dann dieser Oberst zu seiner Familie zurückkehren will, überläßt er sie Casanova. Henriette wird so seine große Liebe.

In England verliebt sich Casanova in eine Prostituierte, die Charpillon, und er überrascht sie sogar mit dem Friseur im Bett. Aber ihm ergibt sie sich nicht, sie peinigt ihn auf die schrecklichste Weise, um ihn fast zum Selbstmord zu treiben. Einmal bietet man ihm zum Beispiel einen Stuhl an, eine Art Sessel mit geheimen Federn, in dem, wenn man eine Frau sich hineinsetzen ließ und einen Hebel berührte, Arme und Beine in einer Position festgehalten wurden, daß man sie ganz nach Belieben vergewaltigen konnte. Er weist mit Verachtung dieses Mittel zurück, weil er eine Frau nicht mit Gewalt haben will. Er wünscht immer eine Entscheidung auf der Seite der Partnerin, und wenn es diese Entscheidung nicht gibt, wirft er sich lieber in die Themse. Ein Freund rettet ihn zufällig: er hatte Blei in den Taschen, um rasch unterzugehen. Er ist kein Verführer, auch das ist wichtig; er ist einer, der die sexuelle Freiheit genießt, die damals dem Mann zugestanden wird. Natürlich setzt er einer Menge Ehemänner Hörner auf, aber mit Frauen, die dazu gemacht waren, den Ehemännern Hörner aufzusetzen. Er hat nie verführt, auch das ist eine bemerkenswerte Tatsache in seinem Leben.

Frage: Und wie beurteilen Sie schließlich Casanova als Schriftsteller?

Chiara: Seine hauptsächliche Wirkung ist die des Schriftstellers, des Erzählers. Ich muß dem zustimmen, daß Casanova der größte italienische Erzähler des 18. Jahrhunderts ist, einer der größten italienischen Erzähler des 18. Jahrhunderts. Er ist ein wirklicher Schriftsteller. Vielleicht ist er kein Sprachkünstler, denn die Sprache des 18. Jahrhunderts war so, wie sie war; sie war eine Sprache, der die großen Zuflüsse fehlten, die ihr später aus der Literatur des 19. Jahrhunderts zuströmten; jedoch für seine Zeit gelingt es ihm sogar, mit einer großen Ausdrucksfreiheit zu schreiben. Er ist kein Prosaist, aber ein Erzähler, ein wirklicher Erzähler.

Frage: Ist alles wahr, was er geschrieben hat?

Chiara: Die Unglaubwürdigkeit liegt in der Ausschmükkung der Episoden: zum Beispiel ist klar, daß er in eigene Worte Tatsachen kleidet, die wirklich vorgefallen sind und an die er sich erinnert. Er ist unglaubwürdig nur in den Einzelheiten, aber zum Beispiel das Zusammentreffen mit Henriette ist vollkommen sicher, wie auch das mit Voltaire sicher ist. Die ganze Unterredung mit Voltaire rekonstruiert er zweifelsohne aus der Distanz so vieler Jahre, und es ist unvermeidlich, daß er eine gute Figur zu machen versucht, daß er sie ausschmückt, Wasser auf seine Mühle leitet, wie man zu sagen pflegt; aber es ist erstaunlich, wie alles genau zusammenpaßt. Als er in England eine andere Liebschaft hat (die der mit Henriette ähnelt), Pauline, die portugiesische Tänzerin, mit der er lange Zeit zusammenlebt und die ebenfalls, nachdem ihr verziehen ist, zu ihrer Familie zurückkehrt, möchte man doch annehmen, daß er als wahrer Romanschriftsteller hin und wieder eine Liebesgeschichte erfindet. Wie er in der Tat Henriette über den Alpenpaß begleitet hat, so begleitet er Pauline über den Ärmelkanal. Und er erzählt uns, daß es einen fürchterlichen Sturm gab und daß er, nachdem sie in Dieppe angekommen waren, die Frau einem eigenen Bedienten anvertraute, der sie bis nach Portugal begleitete.

Englische Forscher haben festgestellt, daß jene Nacht (es gibt die meteorologischen Bulletins der Zeit) eine Vollmondnacht war, wie er gesagt hatte, eine sehr stürmische Nacht. (...)

Frage: Sie geben also ein positives Urteil sowohl über die Person als auch über den Schriftsteller ab?

Chiara: Es wäre schade, wenn dieser Zeuge des 18. Jahrhunderts fehlte! Wir hätten eine sehr viel vagere Vorstellung vom 18. Jahrhundert trotz einer Menge anderer Persönlichkeiten, wie Tomacelli, selbst Algarotti und Stratico. Alles außerordentlich reiche Erscheinungen, aber Casanova hält eine solche Menge von Zusammenhängen fest, und er macht sie klar und allgemeinverständlich, daß sein Werk nicht zufällig um die zweihundertundfünfzig Auflagen gehabt hat und in einundzwanzig, zweiundzwanzig Sprachen, Eskimo sogar und die orientalischen Sprachen eingeschlossen, übersetzt worden ist.

Die Marquise im Bad ▷

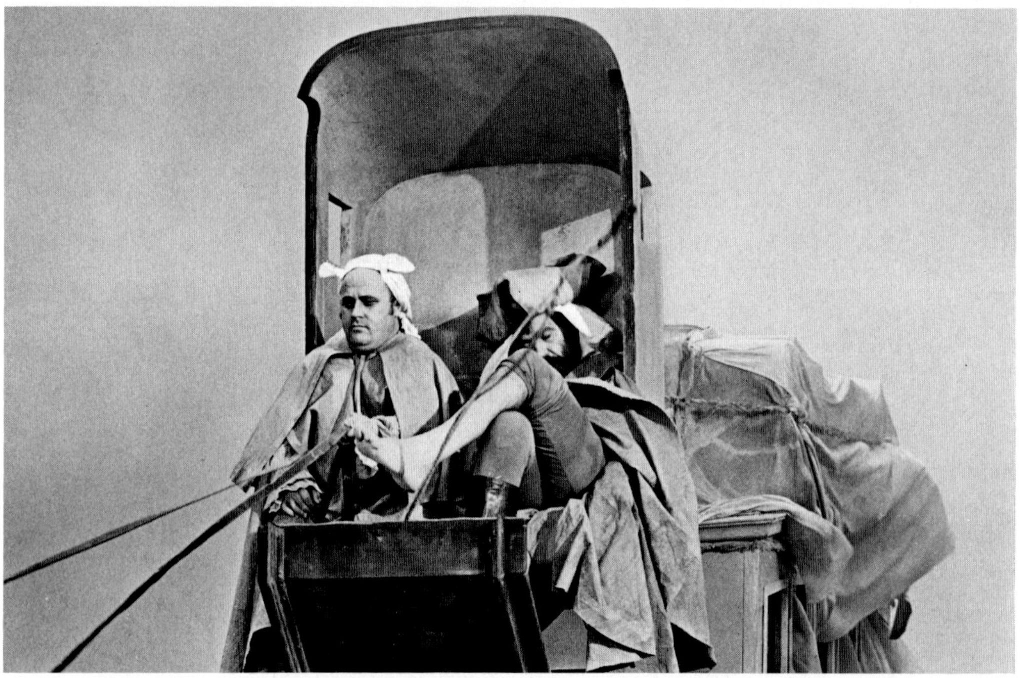

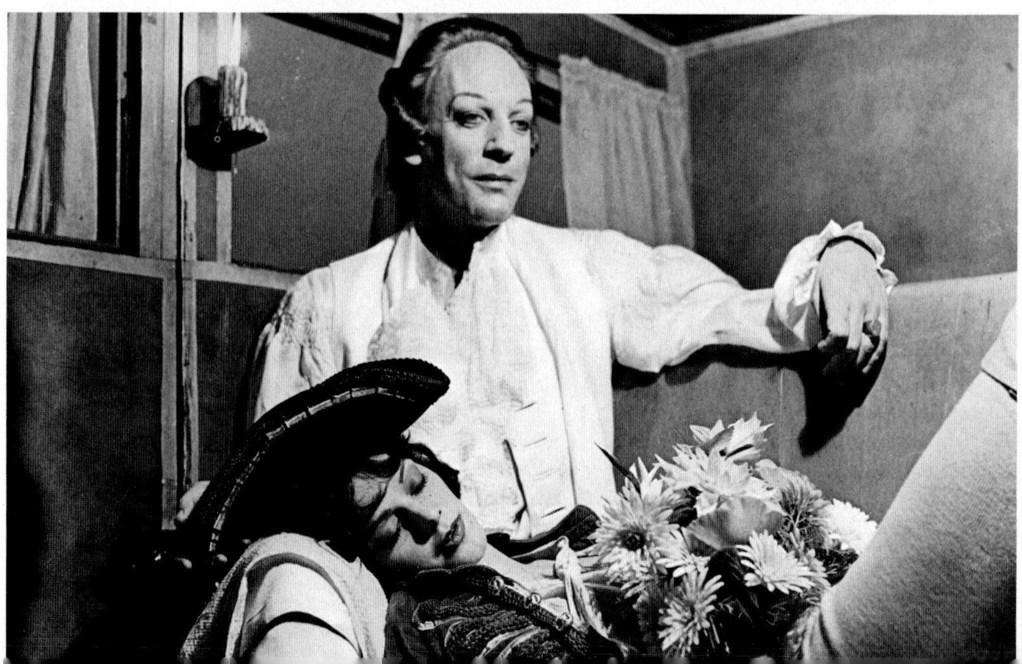

CASANOVA UND DON JUAN

Gespräch mit dem Sexologen Luigi de Marchi

Frage: Wie sieht ein Sexualwissenschaftler Casanova?
de Marchi: Ich denke, daß Casanova hauptsächlich von zwei Seiten gesehen werden kann: eine, die sich auf den, ich möchte sagen: besseren Casanovaschen Geist, und die andere, die sich auf die degenerativen Verwicklungen bezieht, die dieser Geist hat, wie vielleicht alle Kategorien des Geistes, also den Casanovismus. Für das, was Casanova als Person oder zumindest als Symbol betrifft, bin ich entschieden eingenommen, ja, ich empfinde tiefe Sympathie für Casanova, weil ich in ihm eine grundsätzliche Verkörperung eines vitalen Geistes, von Abenteuer und von menschlicher Sympathie und auch von Anarchie wahrnehme, als eine positive Haltung gegenüber dem Leben und, ich möchte sagen, vor allem positiv gegenüber der Frau. Und das ist sehr bezeichnend. Für uns, die wir in einer Epoche, in einer Zivilisation leben, die durch Perversion, durch eine systematische Pervertierung der natürlichen Sexualität gekennzeichnet ist, wo der vitale Eros durch die Zerstörung oder Selbstzerstörung vergiftet ist, repräsentiert Casanova indessen eine positive Instanz. Insbesondere der Frau gegenüber. Es gibt in Casanova nie die zerstörerische Neigung, die Neigung, die Frau zu erniedrigen, zu verachten, zu diffamieren, die wir hingegen in seinem scheinbaren Doppelgänger, Don Giovanni, finden können. Es ist eine Tatsache, daß diese scheinbaren Zwillinge in Wirklichkeit Antipoden sind, und das, was wir an Casanova und seinem Symbol meiner Meinung nach würdigen müssen, ist genau diese tiefe Sympathie und dieses Fehlen von Destruktivität im Verhältnis zur Frau.
Frage: Sie betonen offensichtlich besonders die vitale Lebenseinstellung.
de Marchi: Ich betone Casanovas vitale Lebenseinstellung im Zusammenhang mit dem, was gewöhnlich als casanovasches Verhalten mißverstanden wird, das jedoch das dongiovanneske Verhalten ist. Bei Don Giovanni findet man, wiederhole ich, eine grundsätzliche sadomasochistische Neigung, die wir bei Casanova nicht feststellen. Und während also Casanova meiner Meinung nach gegen das traditionelle christliche Moralsystem, das auf jeden Fall repressiv ist, rebelliert, gegen das Moralsystem der Gesellschaft, in der wir leben, von der wir abstammen, befindet sich Don Giovanni vollkommen in Übereinstimmung mit dieser Gesellschaft, obwohl er den Anschein erweckt, aus ihr herauszutreten. Denn Don Giovanni bestätigt gerade diese systematische Verbindung zwischen Sexualität und Tod, zwischen Sexualität und Verbrechen, die ein Parameter, eine Konstante eben der repressiven Moral ist.
Frage: Wie wird das Individuum, das sich wie Casanova verhält, sexualwissenschaftlich eingeordnet?
de Marchi: Oh! Hier kommen wir dazu, umgekehrt von den degenerativen Verwicklungen zu sprechen, die dieses Symbol Casanova sicherlich hat... Es ist klar, daß Casanova, wenn auch nur in einem bestimmten Sinn, in diesem Licht gesehen werden kann (und mir gefällt er gerade in diesem Licht, denn da sehe ich, wie sehr er sich von Don Giovanni unterscheidet), jedoch auch er war bereits vom Casanovismus befallen. Es ist klar, daß es sich um einen Mann handelt, der gewissermaßen eine Zwangsneigung hatte, Frauen zu verführen, Frauen zu wechseln; und folglich verrät er eine tiefe Unsicherheit, die fortwährend eine Bestätigung seiner Erektionsfähigkeiten, seiner Verführungsfähigkeiten fordert. Das aber, würde ich sagen, ist der degenerative Aspekt des Casanovismus, der nicht vermengt werden darf mit der grundsätzlich positiven, einfachen, poetischen Haltung der Frau gegenüber, dem Leben gegenüber, die bar jeder Destruktivität ist. Diese positive Haltung ist das Kennzeichen Casanovas, auf den wir Italiener sehr stolz werden müssen.
Frage: Irgend jemand hat im Hinblick auf Casanova geradezu den Verdacht der Impotenz geäußert...
de Marchi: Nun, von Unsicherheit kann man sprechen, aber ich würde nicht sagen, daß man von Impotenz sprechen kann. Auch weil ich glaube, daß der arme Casanova ein kurzes Nachleben gehabt hätte aus dem einfachen Grund, weil es auf diesem Felde, leider oder glücklicherweise, jedenfalls eine bestimmte Tendenz zum ›Es-geht-das-Gerücht‹ gibt. Ein Mann, der bei einhundertacht-

◁ *Mit Henriette auf der Reise nach Parma*

undvierzig Frauen der Reihe nach versagt (ich glaube, daß er einhundertachtundvierzig gehabt hat), wäre möglicherweise durch die Wut des Volkes zum Großen Versager gemacht worden, er hätte also nicht Casanova bleiben können! Ich glaube daher nicht, daß man technisch von Impotenz sprechen kann, das heißt von einer Erektionsimpotenz usw. Unbezweifelbar hingegen kann man von Unsicherheit sprechen; und man kann vielleicht hypothetisch auch davon sprechen, was Reich ›Orgasmusschwäche‹ nennt, was nicht Impotenz aus dem physiologischen Blickwinkel ist, sondern eine geringere Teilnahme des Organismus an der Erfahrung des Orgasmus anzeigt, das heißt eine Unfähigkeit zur totalen Erregung des Organismus beim Orgasmus.

Frage: Ist Casanovas Verhalten sexualwissenschaftlich ein reifes Verhalten?

de Marchi: Nein, sicherlich nicht. Ich meine, daß wir uns Männer wünschen müssen, die von dieser Haltung der Zartheit, der Sehnsucht, der Lebhaftigkeit beseelt wären, die Casanova gegenüber der Frau hatte; und nicht, daß die Männer diese fortwährende Besessenheit hätten, die Frau zu wechseln, und als Folge hieraus gegenüber der Frau diese Haltung der Verdinglichung, der Verwandlung in ein Instrument...

Frage: Wie kann der Sexualwissenschaftler einem hypothetischen Casanova-Menschen Hilfestellung geben?

de Marchi: Die Hilfe ist letztlich, zu arbeiten, weil sich so in dieser Person das Selbstvertrauen stärkt, denn es wird allein durch diese Stärkung des Selbstvertrauens erreicht, daß dieser Mensch den Frieden, die innere Beruhigung finden kann, die ihm unter anderem gestattet, die Gefühlsregungen, die er erlebt, zu vertiefen und auf sie zu lauschen. In der Tat, wenn ein Mensch vom Problem der immer von neuem nötigen Bestätigung besessen ist, weil er eben zuinnerst unsicher ist, gelingt es ihm nicht einmal, die Erfahrung zu genießen, die er gerade erlebt. Folglich würde ich sagen, daß die Hilfe letztlich (die, in Klammern, sehr schwer ist, weil das Dinge mit frühkindlichen Wurzeln und tatsächlich im Charakter angelegt sind), die Hilfe, sagte ich, muß letztlich darauf gerichtet sein, das Vertrauen des Mannes in seine Männlichkeit zu stärken. Das ist leider nicht leicht, nicht allein aus den endogenen Gründen, die ich andeutete, diese Grundzüge, die also im Charakter angelegt sind, sondern

Streitgespräch zwischen Casanova und Du Bois

Du Bois in seinem Spektakel ›Die Gottesanbeterin‹ ▷

Casanova im Gespräch mit Mutter und Tochter Charpillon

auch aus Milieugründen. Wir leben in einer Welt, in der die Männlichkeit beständig in Konkurrenzbegriffen vorgestellt wird, die über den natürlichen biologischen Wettstreit hinausgehen. Es ist gerade der soziale Aspekt, der schwer zu handhaben ist, weil der ›wahre‹ Mann beständig gerade wie ein unwiderstehlicher Verführer dargestellt wird, wie einer, der immerfort zu gloriosen phallischen Eingriffen bereit sein muß.

Frage: Es besteht doch in all dem auch der Verdacht des Faschismus.

de Marchi: Aber ja, sicher. Jedoch, sehen Sie, lassen Sie uns vorsichtig mit diesem Merkmal des Faschisten umgehen, weil das ein wenig zu vielbedeutend geworden ist. In Wirklichkeit ist diese Haltung des, sagen wir, phallokratischen Typus so alt wie die patriarchalische Gesellschaft und gehört nicht allein zur faschistischen Gesellschaft.

Frage: Ist die Mythisierung Casanovas für den Sexualwissenschaftler eine positive oder negative Sache?

de Marchi: Nun, ich bin gegen jede Mythisierung. Aber ich empfinde Sympathie für einen bestimmten Typus, der die Einstellung Casanovas gegenüber der Frau einnimmt, die nicht bei den anderen sogenannten großen Charmeuren unserer Geschichte, unserer Zivilisation, unserer Kunst zu finden ist. In Wirklichkeit haben wir hier ein Problem, in das alle Gesellschaftsformen und auch alle Ideologien verwickelt sind. Denn auch die marxistische Welt ist vom Männlichkeitswahn gänzlich erfüllt. Es gibt, von den ersten Anfängen abgesehen, keine Heldinnen weiblicher Machart, Protagonistinnen in der marxistischen Welt. Folglich, will ich sagen, sitzen wir leider alle drin. Und in diesem Sinne haben die Feministinnen völlig recht, wenn dann auch das Gespräch von vorn beginnt, weil sie, obgleich sie doch recht haben, ihren Kampf leider mit Begriffen führen, die (eben wegen der diskriminierenden Formulierung, wegen des sexuellen Rassismus oder wegen des Sexualismus, wie sie sagen) beängstigend den alten männlichen Formulierungen ähneln. Aber das ist nur eine Parenthese. Um zum Ende zu kommen, wiederhole ich, die Schwierigkeiten, einen Menschen, der vom Casanovismus befallen ist, zu einem gewissen Selbstvertrauen zurückzuführen, rühren gerade aus einer Umgebung, die letztlich diese exhibitionistische Männlichkeitsattitüde ermutigt.

Fellini mit der mechanischen Puppe

Frage: Über die sozialen Gründe hinaus gibt es vielleicht auch ... hormonale Gründe?

de Marchi: Ach, ich würde die Hormone ein wenig in Ruhe lassen, wenn man alles zusammennimmt, denn man neigt sehr dazu, diese Probleme zu verinnerlichen, während es sich umgekehrt, meiner Meinung nach, um Probleme von vorzugsweise kultureller Art handelt. Die sexuelle Unsicherheit des ›Casanova‹ rührt von Situationen her, die oft sozialer Gattung sind. Vor allem rührt sie von repressiven Verhältnissen der Sexualität, das heißt oft von einer mütterlichen Überprotektion her. Dann muß man neben der Unterdrückung der natürlichen Sexualität betrachten, daß der Mann, der größte Teil der Männer, vor allem Italiener, einer konstanten Forderung nach Leistungsfähigkeit begegnen. Folglich ist der Mann auf der einen Seite in seinen natürlichen Antrieben unterdrückt, auf der anderen Seite durch bestimmte Erwachsenenbedingungen, durch bestimmte soziale Verhältnisse überfordert, und so verlangt er systematisch von sich, ein Hundertmeterläufer der Sexualität zu sein. Man fordert von uns allen, von der kindlichen Situation braver, sexuell paralytischer Kinderchen in die Erwachsenensituation des Hundertmeterläufers der Sexualität hinüberzuwechseln, und das kann ganz klar nichts als Unsicherheit erzeugen. Ich glaube zusammenfassend, daß die hauptsächlichen Faktoren sozialer Natur sind, auch wenn, wiederhole ich, eine bestimmte biologische Geneigtheit des Mannes zur Rivalität nicht unterbewertet werden darf.

Frage: Die Kennzeichen dieser Gestalt kann man also auch heute antreffen?

de Marchi: Aber sicher, ich würde sagen, in Italien im besonderen. Italien ist ein Land, in dem der Casanovismus gewissermaßen als Volksseuche herrscht!

UND FELLINI'S CASANOVA?

Gespräch mit dem Schriftsteller Bernardino Zapponi

Frage: Fragen wir Bernardino Zapponi, den Mitarbeiter Fellinis am Drehbuch von ›Casanova‹: warum hat Ihrer Meinung nach Fellini eine Gestalt gewählt, die, wenigstens wenn man nach seinen anderen Filmen urteilt, ihm nicht im geringsten wesensverwandt ist? (...)

Zapponi: Es gab eine Liste mit Projekten, über die er oft mit Produzenten sprach, einige hat er gemacht, wie ›Satyricon‹, andere wird er vielleicht nie machen, wie ›Orlando Furioso‹ oder ›Pinocchio‹. ›Casanova‹ dagegen ist nun zufällig weitergemacht worden, aber immer, ich wiederhole es, ein bißchen mit einer gewissen Abneigung... es zog ihn an, er empfand ihn als derart von sich entfernt, als derart konträr zu den Taugenichtsen, die er so gern darstellt... Während doch Casanova wirklich der Anti-Taugenichts ist... Während der Taugenichts statisch ist, ein Träumer, träumt Casanova nicht, sondern handelt, man könnte sagen, er sei ein Pragmatiker... und auch ein bißchen Faschist... Casanova war hochtrabend, er war langweilig ... ein Sprüchemacher, er konnte alles, war der tüchtigste von allen, er verstand sich auf alles, auf Geschäfte, aufs Geld, er konnte spielen, auch falschspielen, er duellierte sich, er stand nicht einen Augenblick still und rannte hinter den Frauen her, er rannte hinter den Dingen her, er war wirklich der typische Abenteurer, er ist nicht so sehr Frauenheld wie Abenteurer. (...)

Wir fanden gleich, daß man sich den Film nur ganz unrealistisch vorstellen könne... ohne all die Verlockungen, die so ein Projekt darstellen konnte, das heißt, einen Kostümfilm zu machen, einen Schinken zu machen, ›Casanovas Abenteuer‹ zu machen, das gewohnte Freskogemälde des 18. Jahrhunderts zu machen, das heißt, um alle diese Dinge zu vermeiden, die uns wirklich sofort eine Art Widerwillen einflößten, fanden wir diese... kam uns wie eine Errettung diese Vision eines mechanischen Balletts.

Frage: Sagen Sie, wie ist das mit den Schauspielern? Wer wäre der ideale Casanova für Fellini gewesen?

Zapponi: Fellini hat, scheint mir, an Sutherland gedacht, auch er ist jemand, der von Casanova weit entfernt ist, Donald Sutherland ist verträumter, spiritueller, bizarrer... sehr englisch, sehr angelsächsisch, er ist gewiß nicht venezianisch. Vielleicht gerade deshalb setzt er eine Note Sonderbarkeit hinzu... und Tollheit.

Fellini mit Casanova

Frage: Wir haben gelesen, daß Sie, als neue Produzenten versuchten, den Film zu realisieren, verschiedene Namen vorgeschlagen haben... Brando, Al Pacino, Paul Newman, Redford... auch Volonté, glaube ich, oder Fellini gab Volonté sogar den Vorzug... Wie sahen Sie ihn denn, als Sie die Memoiren lasen?

Zapponi: Ich habe nur eine Maske gesehen, ja, einen hochgewachsenen Mann, ein bißchen lähmend, überladen und auch pathetisch, auch lächerlich und auch faszinierend; aber direkt ins Gesicht habe ich ihm nie gesehen, ich weiß nicht, was für ein Gesicht er haben könnte.

Casanovas Tanz mit der mechanischen Puppe ▷

EIN KÜNSTLER DER LIEBE

Gespräch mit dem Casanovisten Roberto Gervaso

Frage: Welches Bild haben Sie von Casanova?

Gervaso: Ich habe Casanova vor drei oder vier Jahren entdeckt. Ich habe ihn entdeckt, weil es in den ›Memoiren‹ Casanovas eine Begegnung mit Cagliostro gibt. Ich war gerade dabei, die Lebensgeschichte Cagliostros zu schreiben, und habe mich für dieses Buch begeistert, das ich nie gelesen hatte. Und auch ich war das Opfer von Beeinflussungen, Gemeinplätzen und konventionellen Klischees über Casanova. Das heißt, das Bild, das ich von Casanova hatte, ist das Bild, das alle haben, die Casanova nicht kennen, das heißt das eines ›latin lover‹, eines strapazierfähigen Playboys, eines vulgären Schürzenjägers, eines ›tombeur de femmes‹, eines Weibergeiers, ja, durchaus das einer Art Don Juan, von dem er übrigens sehr verschieden ist. Ich lernte beim Lesen der ›Memoiren‹, dann der Briefe und aller anderen Werke Casanovas verstehen (denn Casanova hat dreiundvierzig Werke verfaßt), daß das Bild, das die Tradition, die Konvention mir von Casanova geboten hatte, ein absolut falsches, ungerechtes Bild war; daß wenige Italiener so schlecht behandelt, so mißhandelt worden sind, mehr von den Nachfahren als von den eigenen Zeitgenossen, wie Casanova. Und ich entdeckte vor allem, daß der Mensch Casanova anders war, als man ihn uns vorgestellt hatte. Er war nicht nur ein Marathonläufer des Sex, ein Priester der Venus, ein Eroberer, ein Erstürmer weiblicher Festungen und Hinterzimmer, sondern er war auch ein Künstler des Sex, der Liebe. Es gibt ein sehr schönes Buch, einen sehr schönen Essay von Stefan Zweig, den Mondadori vor einigen Jahren veröffentlicht hat, in dem Casanova mit Stendhal und noch einem, an den ich mich jetzt nicht erinnere, als Künstler seines Lebens vorgestellt wird, als einer, der, besser gesagt, sein eigenes Leben wie ein Kunstwerk durchlebt. Sein Verhältnis zu den Frauen, das so verfälscht worden ist (und das ist einer der Gründe, aus denen die Frauen Casanova ungerechterweise hassen), sein Verhältnis zu den Frauen, sagte ich, war kein im niedrigen Sinne sexuelles, fleischliches, materielles Verhältnis, sondern ein geistiges. Tatsächlich blieben alle Frauen, die er liebte und die ihn liebten, seine Freundinnen, auch nachdem er sie verlassen hatte oder von ihnen verlassen worden war. Das geschieht normalerweise nicht. Er ist ein großer Liebhaber gewesen, denn er liebte die Frauen. Die Frauen lieben den, der sie liebt. Und schließlich nobilitierte er sie, er wertete sie psychisch auf, er nobilitierte sie geistig, er ließ sie sich bedeutend fühlen, er klärte sie über sich selber auf. Er war galant, aufmerksam, er überhäufte sie mit Gaben, mit Aufmerksamkeiten, mit Geschenken, das heißt, er ließ sie sich wichtig fühlen, er hob sie auf sein eigenes Niveau. Sehen Sie, im Unterschied zu Don Juan, der die Frauen verbrannte, entflammte sie Casanova. Nachdem Don Juan ihren Körper genossen hatte, peinigte er ihre Seele; er betrachtete die Frauen als Werkzeug der Lust, der Pein, als Köder des Teufels, folglich wütete er über sie; Casanova dagegen hatte ein sonniges Verhältnis zu den Frauen, ohne irgendwelche krankhaften oder finsteren Beimischungen, und das ist für mich eine Offenbarung gewesen.

Casanova hatte, scheint es, zweihundert Frauen (einem amerikanischen Forscher zufolge, der, ich weiß nicht wie, diese schwierige Berechnung angestellt hat). Aber was sind zweihundert Frauen für einen Mann wie Casanova, der alles besaß, um den Frauen zu gefallen, weil er ein hübscher Mann war, ein Mann, der Charme hatte, Geist, Intelligenz, der Kultur hatte und vor allen Dingen diese große menschliche Verbindlichkeit gegenüber dem anderen Geschlecht. Zweihundert Frauen sind nicht so viel für eine Persönlichkeit wie Casanova, der seine Welt- und Wüstlingskarriere in Venedig antrat, um sie dann in Paris zu veredeln; in zwei Städten, die im 18. Jahrhundert die Mekkas des Epikurismus, des Hedonismus überdies und, Paris vor allem, der Intelligenz, der Bildung waren; für einen Mann, der sich immer auf den Bühnen bewegt hat, wo das Abenteuer leicht war. Casanova war auf seine Art monogam, solange die Verbindung währte; aber es ist so, daß diese Verbindungen kurz dauerten, wenngleich sie in ihrer Vergänglichkeit sehr heftig waren. Sie währten kurz, weil er, wenn die psychologische, spirituelle Neugier erschöpft, gestillt war, dann wechseln mußte. Offensichtlich gab ihm jede

Frau etwas anderes, nicht auf der physischen Ebene (denn auf der physischen Ebene ist dieses Geben immer dasselbe), sondern auf der psychologischen, menschlichen Ebene; also ist es die Neugier auf den Menschen, die ihn nicht zur Polygamie drängte, sondern zu einer Vielfalt der Erfahrungen. Diese seine Auffassung von der Liebe als des Austausches zweier Temperamente, als des Kontakts zweier Epidermen, adelt ihn, und sie adelt ihn in einem bestimmten Sinne auch, weil er sich selber bei jeder Beziehung voll und ganz engagierte. Natürlich gab er nur das, was er von sich selbst geben konnte. Ein Mensch, der wenig Gefühl hatte und dem das wenige, das er hatte, nur für sich selber reichte, darf gerechterweise nicht als ein niedriger Herzensdieb, als ein Weiberheld oder schlimmer: als ein Hurenbock registriert werden, denn sein Verhältnis zur Frau ist immer geistig gewesen. Gewiß, wenn er mit einer Bäuerin ins Bett ging, konnte er nicht von Platon oder Horaz oder Ariost reden; aber wenn er mit einer Dichterin ging, sprach er über Dichtung, wenn er mit einer Theologin ging, sprach er über Theologie, wenn er, ich weiß nicht, mit einer Hausfrau ging, half er ihr beim Wäschewaschen, er begleitete sie beim Einkaufen. Er ist immer ein Freund der Frauen gewesen, und vor allen Dingen waren die Frauen immer seine Freundinnen. Also nicht Weiberheld, sondern großer Frauenfreund. Was ich sage, sage nicht nur ich; ich will damit sagen, daß es eine ganze Strömung zur Rehabilitation Casanovas gibt. Große amerikanische und französische Wissenschaftler haben schon seit Jahrzehnten die Gestalt Casanovas vor allem als Mensch wiederhergestellt.

Als mir Fellini sagte, daß die ›Memoiren‹ Casanovas ein halber Meter Langeweile und Eintönigkeit seien, ein Wälzer, gut zum Gähnen, sagte er etwas Unrichtiges. Sainte-Beuve, der größte Kritiker, den die französische Literatur gehabt hat, hat gesagt, daß die ›Memoiren‹ Casa-

Casanova betrachtet sich im Spiegel

novas ein Meisterwerk der Memoirenliteratur des 18. Jahrhunderts sind. Im übrigen kann man das französische 18. Jahrhundert und, ich glaube, das europäische 18. Jahrhundert nicht verstehen, ohne die ›Memoiren‹ gelesen zu haben, die ohne Zweifel das schönste Gemälde der Sitten, der Sittenlosigkeiten, der Ideen, der Moral und des Fehlens von Moral in diesem großen Jahrhundert sind.

Das 18. Jahrhundert hatte so viele Seelen; ich möchte sagen, es hatte eine philosophische, intellektuelle, reformistische Seele, die die Voltaires ist. Dann hatte es eine okkulte, metapsychische, magische, irrationale Seele, die die Cagliostros war; aber es hatte auch die naturalistische Seele Rousseaus und auch die genießende, ausschweifende, nomadische, kosmopolitische Seele Casanovas. Folglich darf der Beitrag Casanovas gerade zum kulturellen und geistigen Panorama des 18. Jahrhunderts nicht unterschätzt werden; die ›Memoiren‹ sind fünftausend Seiten, die man nicht einfach wie ›Linus‹ oder ›Novella 2000‹ lesen kann. Sie sind eine Lektüre, die an Umfang gewichtig ist, aber nicht im Stil, der sehr lebhaft ist, farbenreich, reich an psychologischen Schilderungen, sozialen Gemälden, Stadtbildnissen. Also Casanova nur als Weiberhelden zu betrachten oder zu erledigen, als Wüstling, ist grob und unrecht.

Frage: Die Meinungen können verschieden sein...

Gervaso: Aber alles in allem ist die Wahrheit diese, sehen Sie! Ich habe Casanova studiert und habe auch alle Studien über Casanova studiert. Ich habe alles gelesen, was geschrieben worden ist, also sagen, was ich sage, alle. In meinem letzten Buch gibt es ein Kapitel, das interessieren mag, eines den Werken und das andere den Urteilen der Zeitgenossen und der Nachfahren Casanovas gewidmet; nun, von einigen abgesehen, die nun einmal Gift gegen Casanova speien, sind alle einer Meinung. Nunmehr erkennt die offizielle Kritik von Sainte-Beuve diese menschlichen Werte an Casanova, diese kulturellen

Danach

Fähigkeiten. Casanova hat Werke der Philosophie, der Geschichte, der Politik, der Wissenschaft, der Astrologie geschrieben, er ist Enzyklopädist gewesen, er bot Voltaire die Stirn. Er fuhr zu Voltaire, er war dreißig Jahre alt, als er 1755 Voltaire traf (Voltaire war sechzig, er stand auf dem Gipfel seiner Laufbahn, die bejubelte Leuchte, eine Art Appellationsgericht, alles wandte sich an ihn, die ganze europäische Intelligenz beugte sich zu seinen Füßen hinab), und er blieb drei Tage, um mit Voltaire zu diskutieren. Er war schließlich kein x-beliebiges Bürschchen.

Frage: Sie haben sich also, da Sie so lange mit der Gestalt leben, in sie verliebt.

Gervaso: Aber ja, gewiß. Zu einer Gestalt, selbst wenn man das Leben eines Verbrechers beschreibt, faßt man eine Zuneigung, man sympathisiert schließlich mit ihr, wie ich mit Cagliostro sympathisiert habe, zu dem ich nicht die geringste Affinität hatte. Ich habe mit Casanova nicht das ausschweifende Wesen gemein, weil ich zweihundert Frauen nie gehabt habe, und es steht zu vermuten oder zu fürchten, daß ich sie nie haben werde. Aber nach der Entdeckung der ›Memoiren‹ und nach fast zweieinhalb Jahren des Zusammenlebens mit Casanova kommt man dahin, ihn zu lieben, man kann nicht ihn nicht lieben. Es erstaunt mich, daß Fellini ihn nicht geliebt hat, ihn nicht liebt.

Frage: Was hat sich in Ihnen verändert, seit Sie mit Casanova zu tun haben?

Gervaso: Ich habe in meinem Leben zwei Entdeckungen gemacht, das heißt, zwei Autoren haben mich beeinflußt; einer ist Voltaire gewesen, den ich mit vierzehn Jahren entdeckt habe, und einer ist Casanova, den ich mit vierunddreißig Jahren entdeckt habe, also zwanzig Jahre später. Voltaire ist für mich eine intellektuelle Entdeckung gewesen, auch eine literarische, muß ich sagen; das heißt, er hat mich einen Stil gelehrt, die Lebhaftigkeit des Ausdrucks, die Klarheit der Gedanken, einen gewissen Nonkonformismus, eine Unvoreingenommenheit, eine bestimmte Unbekümmertheit. Casanova dagegen ist wichtig gewesen, weil er die philosophische Grundidee meines Lebens verändert hat. Das heißt, Casanova hat mich zwei Dinge verstehen lassen: vor allem, daß jeder von uns individuell, oft in der Einsamkeit die großen Erfahrungen seines Lebens macht; und dann hat er mich gelehrt, das Schöne im Leben zu genießen, also ein schönes Essen, eine schöne Frau, eine schöne Lektüre, ein schönes Musikstück, einen schönen Spaziergang. Dann hat er mich verschiedene Autoren entdecken lassen, die ich im Gymnasium gelesen, aber schlecht verdaut hatte, wie Ariost, Horaz, Vergil, die ich, von Casanova angeregt, vielleicht beeinflußt, wiedergelesen und wiederentdeckt habe, vielmehr entdeckt, denn ich hatte sie nie entdeckt. Casanova ist also eine Lehre gewesen, er hat mein Leben verändert. Darüber hinaus kannte ich die Frauen wenig, und ich kannte sie vielleicht wenig, weil sie mich nie gezwungen hatten, sie zu verstehen, dann auch, weil mir das Rüstzeug fehlte, sie zu verstehen. Und er ist mir da ein Lehrer gewesen. Er hat mich die Kunst der Eroberung gelehrt, nicht der brutalen Eroberung der Frau, sondern der geistigen; und ferner die Aufwertung der Frau. Das ist wichtig, weil man im allgemeinen denkt, daß Casanova nur das Gegenteil lehren könne. Aber so ist es nicht; er hat mich gelehrt, die Frau zu schätzen, das heißt, mich besser mit der Frau zu verstehen, nicht auf der physischen Ebene, sondern auf der psychologischen. Nachdem ich Casanova gelesen hatte, habe ich eine sehr einfache Sache gelernt, nämlich, daß eines der einfachsten Mittel, sich eine Frau zu erringen, neben der Bereitschaft, dem Verständnis, einem Gespräch, auch ist, ihnen Zeit zu opfern, auch Galanterie und auch ein bestimmtes Zeremoniell, ein bestimmtes Ritual, das jetzt langsam verschwindet, das aber immer aktuell ist.

Frage: Sind Sie der Meinung, daß alles wahr ist, was Casanova in den ›Memoiren‹ geschrieben hat?

Gervaso: Die ›Memoiren‹ hat Casanova 1790 zu schreiben begonnen, als er sich nach Dux in Böhmen zurückgezogen hatte. 1790 war er fünfundsechzig Jahre alt, und diese Erinnerungen hat er anhand sehr umfangreicher Unterlagen, der Tagebücher, die er hatte, geschrieben, denn er konnte sich nicht erinnern, wie zum Beispiel eine Frau gekleidet war, der er vor vierzig Jahren auf einem Ball in Turin oder Genf begegnet war, oder was sie gesagt hatte. Er hat diese Tagebücher wieder zusammengefügt, er hat sie gereinigt, herausgeputzt, vervollständigt. Das, was er dagegen hinzugefügt hat, ist das Pathos, das heißt die Ergriffenheit. Casanova hat die ›Memoiren‹ offensichtlich aus einem intellektuellen Antrieb, aus einem literarischen Anreiz heraus geschrieben, das heißt, um den Nachfahren etwas zu überliefern, was bleiben würde; aber er hat sie auch geschrieben, um beim Erinnern die Abenteuer von einst noch einmal zu erleben, in dem Alter und in der Situation, in der er sich befand, als Verbannter, wenn auch freiwillig, in diesem gottverlassenen böhmischen Schloß. Er war allein in diesem Schloß, verhöhnt von der Dienerschaft, verbittert durch die Gebrechen, die Hypochondrie, die Melancholie; er schloß sich dreizehn Stunden am Tage in seinem Zimmer ein, und indem er die Vergangenheit wiedersah, gelang es ihm, sich noch jung zu fühlen. Es liegt in den ›Memoiren‹ ein Hochgefühl zu schreiben; schreiben, um die Gegenwart zu vergessen, um die Vergangenheit wiederzuerlangen. Das ist ein ziemlich klarer psychologischer Vorgang; er hat sie darum geschrieben, und nicht zufällig hat er sie abgebrochen, wo er neunundvierzig Jahre alt ist, das heißt, wo er nach einem Exil von achtzehn Jahren nach Venedig zurückkehrt. Ich glaube, daß er sie abgebrochen hat, weil, als er nach Venedig zurückgekehrt ist, seine Lebenskurve abwärts zu gehen beginnt. Und also hätte er sich unangenehmer Dinge erinnern müssen, die ihm die Einsamkeit noch saurer, noch bitterer gemacht hätten; so hat er sie freiwillig abgebrochen. Auch weil er sie 1790 begann und 1792 beendete (später nahm er sie wieder auf und feilte an ihnen); also hatte er noch weitere sechs Jahre vor sich, er hätte noch schreiben können; aber er hatte nichts mehr zu sagen, und vor allen Dingen wollte er nichts mehr sagen.

Frage: Was bleibt heute von Casanova bestehen?

Gervaso: Casanova bleibt heute neben den ›Memoiren‹, die ein unsterbliches Buch sind, ein großer Künstler der Liebe, ein Künstler des eigenen Lebens. Wenigstens bis zum fünfzigsten Lebensjahr, aber auch danach. Denn im Grunde ist ein Mann, der sich mit fünfundsechzig Jahren daran macht, seine Memoiren zu schreiben, und ein derartiges Meisterwerk schafft, ein Künstler seines Lebens. Er bleibt der große Liebhaber, aber nicht der große Erotomane; der große Liebhaber im besseren Sinne des Wortes. In seinem Leben findet man die horazische Lehre angewendet; nicht den heruntergekommenen, vulgären Epikureismus, sondern den raffinierteren. Ferner die Modernität, das Interesse an allen Wissenschaften, an der Philosophie, an der Geschichte. Weniger an der Kunst; er war ziemlich blind gegenüber den Reizen, den Verführungen der Kunst, der Landschaft. Es bleibt sein Europäertum; der europäische Geist, den Casanova verkörperte, ist ein sehr moderner Geist. Er reiste durch ganz Europa, er fühlte sich überall wohl, er war ein Mann, der keinen Paß nötig hatte, der in jedem Land Anlässe zu Neugier fand. Er war ein Staatenloser, kein Versprengter; er war ein organisierter Staatenloser.

Frage: Warum haben Sie die Notwendigkeit verspürt, dem Publikum das Leben Casanovas noch einmal vorzustellen?

Gervaso: Nun, als ich Casanova bei der Lektüre seiner ›Memoiren‹, seiner Werke und dann der ganzen Essayistik, der ganzen Geschichtsschreibung über ihn entdeckte, kam ich zu der Überzeugung, daß dieser Mann auf populärem Niveau rehabilitiert werden mußte. Wenige wissen, daß meine Biographie die erste jemals von einem Italiener über Casanova geschriebene Biographie ist. Das ist skandalös. Das 18. Jahrhundert hat gewiß Parini, Gozzi, Alfieri, Goldoni enthalten, aber das sind Erscheinungen, die nur wir in Italien kennen. Die einzigen mit europäischer Resonanz, die einzigen wirklich populären Italiener sind Cagliostro und Casanova gewesen. Vor allem Casanova kennt man in der ganzen Welt, er ist zum Symbol geworden, zum Musterbeispiel, zum kollektiven Mythos. So habe ich als Historiker, als Bekanntmacher Casanova beschrieben, um ihn zu rehabilitieren; denn das ist nicht recht, daß ihn die Italiener, vor allem die Italiener von heute, als unverbesserlichen Don Juan betrachten.

Frage: Und was können Sie über den im sozialen Sinne ›ausschweifenden‹ Casanova sagen?

Gervaso: Casanova war ein Mensch, der stets die Moden angenommen hat. Er war ein Mensch, der sich immer angepaßt hat, indem er die Konventionen, die Spielregeln der Gesellschaft annahm. Das sind vielleicht seine Grenzen gewesen. Von der Aufklärung rezipiert (ein Wort, das den Soziologen sehr gefällt, das ich aber nicht ausstehen kann), hat Casanova dieses Verlangen, Kosmopolit zu sein, die intellektuelle Neugier, den Geschmack der enzyklopädistischen Bildung, den Sinn fürs Exotische, den Wandertrieb, jedoch nicht das Verlangen nach politischer Reform. Ja, das hat ihm gefehlt. Er hat immer das *ancien régime* verteidigt; folglich auch die Konventionen, die Spielregeln der alten Gesellschaft Europas, vor allem Frankreichs. Denn nur in dieser Gesellschaft war sein soziales und irdisches Fortkommen möglich. Welches waren im 18. Jahrhundert (vielleicht nicht allein im 18. Jahrhundert), wenn einer nicht adlig oder reich war, die Mittel des sozialen Aufstiegs? Das Abenteurer-

Faulkircher (Reggie Nalder)

leben oder die Freimaurerei. Er war Freimaurer; während aber die Freimaurerei dem Fortkommen Cagliostros dienlich war, wurde sie von Casanova nicht ausgenutzt. Auch die Bildung war ein Mittel sozialen Aufstiegs, und Casanova eroberte die Salons, weil er ein bezaubernder Unterhalter voller Möglichkeiten, voller geschliffener Redensarten und über die Maßen kultiviert war. Also mit seinen intellektuellen Mitteln. Aber auch mit seinem Talent als Liebhaber, denn vor allem in Frankreich, aber auch in Venedig waren die Frauen Komplizinnen, sehr wirksame Verbündete, um in der Gesellschaft Karriere zu machen.

Frage: Auf diese Weise machen Sie ihn zum sozialen Aufsteiger.

Gervaso: Aber gewiß. Casanova ist ein Künstler des Lebens gewesen, des Eros, ein großer Schriftsteller; aber man muß auch sagen, daß er ein Schmarotzer gewesen ist, der der armen Marquise d'Urfé, die zwanzig Jahre älter war als er (und also ließ er sich seine Gefälligkeiten bezahlen), so um die drei- oder vierhundert Millionen abknöpfte. Er haute eine Unmenge Einfaltspinsel übers Ohr, er betrog beim Spiel, er gaunerte, er war ein Mann, der sogar als Spion arbeitete, als Spitzel für dieselben Inquisitoren, die ihn vor so vielen Jahren in die Bleikammern gesperrt hatten...

Frage: Jedenfalls stellen Sie Casanova nicht, sagen wir: als ›Vorbild‹, aber gewiß als eine Persönlichkeit hin, über die man nachdenken kann.

Gervaso: Sicher, der eine Casanova ist ein Vorbild, der andere nicht. Und das gilt für einen jeden, für Napoleon, für Julius Cäsar, für Lincoln, für alle. Schneewittchens Apfel existiert nicht, der auf der einen Seite nur gut, auf der anderen Seite nur faul ist. Jeder ist eine Mischung aller dieser Bestandteile. Wenn ich Casanova rehabilitiere, dann tue ich das nicht ›in toto‹, sondern nur insoweit, wie er rehabilitiert werden kann.

Frage: Vielleicht kann man sagen, daß der Teil, der Sie fasziniert hat, Casanova als Schriftsteller ist.

Gervaso: Nicht allein der Schriftsteller, sondern auch der Lebenslehrer. Gewiß kann ich Casanova nicht gutheißen, wenn er begaunert, hintergeht, betrügt... Ein Lehrer des Lebens ist dieser scharfsinnige Fürsprecher und Ken-

Casanova träumt

ner der weiblichen Seele und Psychologie; dann auch der glückliche Mensch, der voller Interessen ist.

Frage: War Casanova Ihrer Meinung nach Neurotiker?

Gervaso: Er war ein gesunder, instinktiver Mensch; er war nicht im geringsten neurotisch. Er hat viele Erfahrungen gehabt, möglicherweise sogar homosexuelle Erfahrungen, aber aus Neugier. Es gibt nie jemals etwas Krankhaftes. Eine andere sehr wichtige Sache, die ich zu nennen vergessen habe, ist, daß es bei Casanova nichts Pornographisches gibt. Er ist ein Katechismusschriftsteller. Die Situationen sind kitzlig, aber wenn Casanova ›Hure‹ schreiben muß, schreibt er H... mit Pünktchen; wenn er ›Kupplerin‹ schreiben muß, schreibt er K..., er ist ganz euphemistisch. Es gibt nicht einen ordinären Ausdruck in den ganzen ›Memoiren‹. Es ist alles eine Sprache voller Anspielungen, die sehr viel mehr anregt. Gewiß sind bestimmte Situationen heikel. Er erzählt auch von einem Inzest mit seiner Tochter, ich weiß nicht, ob er wahr ist; es gibt vielleicht etwas in den ›Memoiren‹, was nicht wahr ist, im übrigen sah er diese Tochter zum erstenmal, als sie siebzehn oder achtzehn Jahre alt war; sie war ein bildhübsches Mädchen, und er wußte nicht, daß sie seine Tochter war. Er ging mit ihr ins Bett, daran ist nichts Böses. Mag sein, er will Rousseau nachahmen, will zeigen, daß er ein Mann von Welt ist, ohne Vorurteile.

Frage: Woran liegt Ihrer Meinung nach dieser schlechte Ruf Casanovas, gegen den Sie kämpfen?

Gervaso: Er liegt an der Tatsache, daß, als Casanova starb, die Manuskripte der ›Memoiren‹ an einen Neffen kamen, der sie 1821 an den Verleger Brockhaus verkaufte. Brockhaus übersetzte die ›Memoiren‹ häppchenweise und veröffentlichte sie häppchenweise, wobei sie vom Französischen ins Deutsche und später wieder aus dem Deutschen ins Französische übersetzt wurden. Im folgenden haben andere Verleger das ausgenutzt, indem sie in der unanständigsten Weise die pikanten, heiklen Teile des Werkes bearbeiteten und sogar die Sprache verfälschten. Daraus ist dieses Bild von einem Casanova als einem pornographischen Schriftsteller, einem Hurenjäger entstanden. Die Schuld liegt bei diesen Verlegern, die aus niedrigen Erwägungen der Kasse, des Geschäfts ein unangemessenes Bild Casanovas verbreitet haben.

EIN SOZIALER AUFSTEIGER

Gespräch mit dem Schriftsteller Franco Valobra

Frage: Welche Meinung haben Sie über Casanova?

Valobra: Bis heute morgen, als ihr mich angerufen habt, dachte ich überhaupt nicht an Casanova. Auch weil es nicht so ist, daß Casanova mich je besonders interessiert hätte. Die Beziehung zum Müßiggängertum, von der ihr mir erzählt habt, scheint mir ziemlich richtig, auch wenn es schließlich ein Müßiggängertum auf hohem Niveau ist, vielleicht auf aristokratischem Niveau. Immer jedoch ein typisch italienisches Müßiggängertum, ein provinzielles, das in Casanova nicht im entferntesten die Kraft und Dramatik eines Don Giovanni hatte.

Frage: Aber Don Giovanni ist eine erdichtete Gestalt, während Casanova wirklich existiert hat.

Valobra: Ja, erdichtete Gestalt, aber was in den Jahrhunderten geblieben ist, ist offensichtlich diese Erdichtung, die irgend etwas entsprach, was in der Luft lag, im Lebensstil; also etwas wirklich Realem, Vorhandenem entsprach. Und schließlich, wieviel ist wahr an der Gestalt Casanovas? Welcher ist der Casanova der Wirklichkeit gewesen, und welcher dagegen der Casanova, der von sich selber propagiert und erfunden war? Ich bin kein Historiker, aber ich würde sagen, daß Casanova mehr eine literarische als eine reale Erscheinung ist.

Frage: Gibt es Ihrer Meinung nach etwas Unverbindliches in Casanova, etwas, das also mit der Gesellschaft bricht, die um ihn ist? Oder ist Casanova passiv, ein Konformist?

Valobra: Meiner Ansicht nach ist er ganz klar das zweite: ein Neuling, ein sozialer Aufsteiger. Seine Eroberungen sind typisch für den provinziellen Vitelloni, den sozialen Aufsteiger, der beim Zimmermädchen anfängt, um schließlich bis zur Marquise zu kommen, indem er Nutzen aus seinem leichtfertigen Vertretercharme zieht. Der Don Giovanni Mozarts ist dagegen wirklich ein zuinnerst revolutionäres Individuum, einer, der lebt, einer, der selbst auf den Teufel pfeift, auf alles. Don Giovanni ist der, der eine Ladung Dynamit an die Gesellschaft legt. Seine Beziehung zum Komtur ist wirklich eine revolutionäre Beziehung. Casanova, nein, höchstens ist er der Sohn des Komturs.

Frage: Sie schließen also aus, daß Casanova in irgendeiner Hinsicht ein empfehlenswertes Vorbild sein könnte?

Valobra: Ich glaube nicht, daß es Vorbilder gibt, die man empfehlen kann, und Vorbilder, die man nicht empfehlen kann. Das einzige empfehlenswerte Vorbild sind wir selber, die Suche nach uns selber und der Versuch, nicht irgend jemanden sonst zu imitieren. Wozu sollten wir empfehlenswerte Vorbilder brauchen? Wir haben das Leben damit verbracht, empfehlenswerte Vorbilder zu haben: zuerst haben sie uns Jesus Christus gegeben, dann haben sie uns Mussolini gegeben, und schließlich werden sie immer versuchen, uns Vorbilder vorzusetzen.

Frage: Aber jemand hebt zum Beispiel die Bedeutung der Vitalität in einer Gestalt wie Casanova hervor...

Valobra: Ich bin auch damit nicht einverstanden, das heißt mit dem Umstand, daß die Vitalität dieser Gestalt eine positive Angelegenheit sei. Ich bin nicht jemand, der an die Natur glaubt. Ich bin kein Rousseauianer... ich glaube, daß die Vitalität nur einen Sinn hat, wenn sie mit der fortwährenden Suche nach sich selbst verknüpft ist. Diese rhetorische Liebe des Lebens für das Leben, diese Vitalität, die sich dann auf einen einfachen Vitalismus reduziert, trifft bei mir auf überhaupt keine Begeisterung. Alles in allem finde ich in dieser Gestalt Casanova nichts Großartiges; es handelt sich um einen Mann, der, anstatt fünf Frauen im Leben gehabt zu haben, fünfhundert gehabt hat. Das ist eine Angelegenheit der Quantität, die nichts besagt. (...)

Frage: Ist es möglich, zwischen Casanova und dem heutigen Playboy eine Parallele zu ziehen?

Valobra: Nein, ich würde sagen, daß der Playboy inzwischen eine veraltete Erscheinung ist. Ja, es kann ihn noch geben, wie es Generäle gibt, wie es so vieles noch gibt, aber er ist doch jetzt eine Erscheinung außerhalb der Zeitgeschichte. An diesem Punkte sage ich etwas Ähnliches, wie ich es auch zufällig in einem Aufsatz über Don Giovanni gesagt habe. Wenn Casanova heute geboren würde, wäre er eine Frau. Wenn ein neuer Casanova wiedergeboren werden sollte, der von Grund auf stimmig ist, könnte er nur eine Frau sein. Der Mann hat jetzt alles verführt, für ihn gibt es nichts mehr zu verführen.

Frage: Eine letzte Frage: War Casanova ein pornographischer Schriftsteller?

Valobra: Absolut nicht. Ich glaube unter anderem nach dem wenigen, was ich gelesen habe, daß seine ›Memoiren‹ tödlich langweilig sind. Außerdem denke ich, daß niemand je den Mut besessen hat, Casanovas ›Memoiren‹ ganz zu lesen, schon gar nicht Leser, die sich dabei selbst befriedigen. Auch de Sade war extrem langweilig, jedoch von völlig anderem Rang. Wenn auch sonst nichts, so waren wenigstens die Sachen, die er erzählte, anregend. Dagegen Casanova nicht, er erzählt seine Abenteuer mit den Dienstmädchen.

Frage: Aber auch mit den Gräfinnen...

Valobra: Das ist doch dasselbe.

Casanova tröstet Marcolina

SEXUALITÄT ALS AUFSTAND GEGEN DEN TOD

Gespräch mit dem Psychoanalytiker Ignazio Maiore

Frage: Was meinen Sie als Psychoanalytiker über die ›Memoiren‹ von Giacomo Casanova?

Maiore: Ich glaube jedenfalls, daß man sich vor Augen halten muß, daß Casanova seine ›Memoiren‹ als alter Mann geschrieben hat und daß er ein alter Mann in einer unglücklichen und eingeschränkten Lage gemessen an den Bestrebungen seines Lebens war. Ein Mann also, der sich dem Tode nahe fühlt und sich ihm auf zwei Weisen zu entziehen sucht: eine ist die, seine Vergangenheit zu rehabilitieren und zu nobilitieren, indem er sie mit Glanz und Adel überdeckt. Die andere ist, sich eine Zukunft, ein Fortleben zu schaffen, und zwar gerade mit seiner literarischen Produktion. Diese letztere wird seinen Fortbestand darstellen, seine ›Nachkommen‹, die ihn verewigen. Die Erinnerung an ihn. Alle, die schreiben oder sonst schöpferisch tätig sind, suchen die Unsterblichkeit zu erringen.

Frage: Aber warum dieses Verweilen auf der Ebene der sexuellen Behauptung, warum diese Notwendigkeit, seine weiblichen Eroberungen zu verwerten?

Maiore: Diese fortwährende Behauptung und sexuelle Suche haben bei Casanova denselben Beigeschmack einer Vertreibung des Todes, den auch der Rest seiner Produktion hat. Ich würde sogar sagen, daß sie spezifischer sind. Den Akzent auf die Sexualität zu legen, heißt präzise, zu versuchen, unseren unsterblichen Teil zu behaupten, der der Sexualität zweifellos eingeboren ist. Mit der sexuellen Betätigung macht man die Kinder. Mit der sexuellen Behauptung im Geistigen und zugleich mit der schriftstellerischen Aktivität macht man psychologische Kinder. Dementsprechend hat man den Eindruck oder vielleicht die Illusion, dauerhafte Spuren von sich zu hinterlassen, sich in der Welt zu verewigen. Die Sexualität ist unser Aufstand gegen den Tod; Casanovas Zwang und Verpflichtung zur Sexualität ist seine beständige Negierung des Todes, der ihn durchdringt, des Nichts, das ihn peinigt. Daß seine Sexualität nicht Suche nach dem anderen, nicht Beziehung zum anderen, nicht Liebe ist, sieht man an der Gleichgültigkeit, die er den verschiedenen weiblichen Kreaturen gegenüber an den Tag legt, die er trifft. Man sieht es an der Leichtigkeit, mit der er von einer weiblichen Hülle zur anderen wechselt. Diese Frauen sind alle gleich und alle unbestimmt.

Frage: Meinen Sie, daß dieses Nichts, dieser Tod, von denen Sie sprechen, auch in anderen Aspekten des Werkes Casanovas über die sexuellen hinaus zu finden sind? Vielleicht in seinem Leben selbst?

Maiore: Gewiß, viele Aspekte des Lebens und des Werkes Casanovas scheinen recht eigentlich Embleme des Todes zu sein. Eben der eintönige, gefühlsentkleidete Charakter seiner Schreibweise, der es nie gelingt, dir entweder ein Lächeln oder einen Seufzer zu entlocken. Dann die Unmenge seiner Produktion selbst, wo die Masse der Fakten, die Zahl der Personen, die Unmenge der Schauplätze die Notwendigkeit zu haben scheinen, der Nichtexistenz einer wirklich erlebten Erregung, eines erfaßten Ausdrucks, eines enthüllten Geheimnisses zuvorzukommen. Das Herz Casanovas scheint transplantiert zu sein. Oder auch ein Apparat aus dem Wiederbelebungssaal. Der immer auf dieselbe Weise funktioniert, präzise und deutlich, aber unmenschlich. Und dieser mechanische, artifizielle Charakter Casanovas kann vielleicht als ein moderner Aspekt der Persönlichkeit betrachtet werden, wenn man ›modern‹ seine schlechtere Bedeutungsmöglichkeit gibt: die der Entfremdung, der Vorherrschaft des Mechanismus, des technischen Ritus, des stereotypen Zwanges.

Ein anderer todverheißender Aspekt ist der theatralische, exhibitionistische. Er spielt und zeigt sich wie ein Schauspieler. Er tut das, um die eigene Leere mit einer Rolle zu überdecken, den Verlust seiner Person oder das Fehlen einer definierbaren Qualität mit einer Quantität von Fakten, Handlungen und Dingen zu überdecken. An dieser Stelle ist Casanova ein Dieb, und er ummäntelt seinen Tod mit dem Leben der anderen. Er umhüllt seinen Totenschädel mit dem Fleisch anderer, und er gibt sich Glaubwürdigkeit, indem er die Wirklichkeit und die Faßbarkeit von Schauplätzen und Situationen zeigt. Auch die Sexualität wird in dieser dekorativen, vorgestellten, popularisierten Weise erlebt. Gerade die Sexualität, die die dramatischste und persönlichste der Gemütsbewegungen ist.

Frage: Würden Sie als Psychoanalytiker in Casanova nichts Menschliches finden?

Maiore: Seine Angst ist menschlich. Sonst würde er sich nicht so sehr aufregen, er würde nicht so viel schreiben. Er hätte es nicht nötig, geachtet und anerkannt zu sein. Auch darum ist er eine moderne Gestalt, ein Mensch, der das Bedürfnis spürt, viel zu tun, um nicht zu leiden, um sich Glauben zu schenken. Leider gelingt es ihm, sich auch der Sympathie zu entfremden, die ihm aus dem Leiden erwachsen würde. In der Tat zeigt er es nie wirklich. Seine Gefühlsregungen sind tatsächlich lediglich formal und kollektiv, das heißt die, von denen er denkt, daß man sie von ihm erwartet. Ich will damit sagen, daß die Angst Casanovas unbewußt ist und von dem zügellosen Gehabe neutralisiert wird. Vom Agieren (acting out), wie man in der Psychoanalyse sagt.

Frage: Was müßte also ein Psychoanalytiker tun, um ihn zu heilen und vielleicht wieder sympathisch zu machen?

Maiore: Ihn quälen. Das heißt, seine Verhaltensabwehren abbauen. Seine Ablehnungen. Ihn behandeln wie einen der vielen charakterlichen, hyperaffirmativen, megalomanen Patienten, die wir heute vor uns haben.

Frage: Was kann man über Casanova tiefenpsychologisch sagen?

Maiore: Ich würde sagen, daß man sich hier im Bereich eines schweren Mutterproblems bewegt. Er ist ein Individuum, das nie geboren wurde, das nicht zur Welt gebracht wurde. Er kommt nie aus dem Inneren der Frau heraus, von dem er erstickt wird. Er wird erdrückt: indem er wiederholt die Frau besitzt, versucht er, aus ihr herauszukommen, die Hülle zu zerreißen, zur Erkenntnis zu kommen. Dennoch erreicht er nichts und fällt noch tiefer in den Brunnen hinab, in dem er zappelt.

Frage: Meinen Sie, daß Casanova die Italiener repräsentieren könnte, den durchschnittlichen Italiener unter diesem Gesichtspunkt?

Maiore: Mehr als die Italiener repräsentiert er ihr Ideal. Das heißt das, was sie gern wären. Es handelt sich um den Mann, der von der Frau, von der Mutter unterdrückt wird und den Wunsch nach Ausbruch, Freiheit und männlicher Gewalt hat. Der große ›Mammafresser‹, der auf Elefantinnenjagd geht und sich mit dem Fuß auf ihrem Kopf fotografieren läßt. Das ist nicht nur ein italienischer Mythos. Es ist ein weltweiter Mythos, zum Beispiel ein amerikanischer. Die Amerikaner stehen in allerbester Konkurrenz mit uns um den ›Mammismus‹, den sie mehr als wir auf der kollektiven, sozialen Ebene lösen. Männer, die der Frau nichts zu geben wissen und daher im Gegenteil nichts zu nehmen wissen. Sie sind die ewigen Embryos, die Kinder einer Liebe, die es nicht gibt. Die Große Mutter, die für die Amerikaner die Gesellschaft ist, ist für uns die katholische, entsexualisierte, sterile, betörende, entnervende Kirche. Von ihr ist Casanova der würdige Sohn. Er hat gesehen, wie die Erziehung seiner Zeit die Bedingungen schafft, nie geboren zu werden (man befand sich noch im Klima der Gegenreformation, einem Klima, das, fürchte ich, nie endet). Die Kirche ist für ihn eine große, unbegreifliche Mutter gewesen, die sich über die eigene breitet: eine gierige und zugleich schlaffe Mutter, die dich träge in sich behält und dich hindert, ein Mann, ein Individuum zu werden. Sein Leben, scheint mir, ist das krampfhafte Leben eines Insekts, vielmehr einer Raupe gewesen, die in ihrem Kokon zappelt, aber nie ein Schmetterling wird. Die schwere Atmosphäre, die um Casanova schwebt, scheint aus Weihrauch und erstickenden mütterlichen Ausdünstungen zu bestehen. Es gibt keine Luft. Casanova hat nie den ersten Schrei getan, den Schrei, um zu atmen: schmerzlich, aber befreiend.

Im Traum erscheinen Casanova der Papst und die Mutter ▷

Literatur-, Quellen- und Übersetzernachweise

Federico Fellini, Casanova ist ein Pinocchio: Auszüge aus Interviews von Ornella Volta, in VOGUE No 563, Février 1976, und Valerio Riva, in L'ESPRESSO No 22, 30. Maggio 1975. Deutsch von Dieter Schwarz. Copyright © 1977 by Diogenes Verlag Zürich.

Casanova, Über Gott und die Welt: Zitate aus Giacomo Casanova, Geschichte meines Lebens. Herausgegeben von Erich Loos. Erstmals nach der Urfassung ins Deutsche übersetzt von Heinz von Sauter. 12 Bände. Berlin 1964–1967.

Stefan Zweig, Casanovas Leben und Taten: Aus Stefan Zweig, Baumeister der Welt. Frankfurt a.M. 1951. Abdruck mit freundlicher Genehmigung des S. Fischer Verlags GmbH, Frankfurt a.M.

Zeugnisse: Zitate aus: Charles de Ligne, Aventuros: *Œuvres*, Wien 1795–1809, deutsch von Eva Schönfeld; Alfred de Musset, Mémoires de Casanova: *Le Temps*, 20 mars 1831, deutsch von Eva Schönfeld; Sainte-Beuve, Mémoires de Casanova: *Le National*, 1er juillet 1833, deutsch von Eva Schönfeld; Heinrich Heine: *Briefe aus Berlin* III, 1822; Stefan Zweig: *Baumeister der Welt*, Frankfurt a. M. 1951; D. H. Lawrence: *Letters*, London 1932, Brief aus dem Jahre 1921, deutsch von Eva Schönfeld; Hermann Kesten, Casanova: *Die Lust am Leben*, München 1968; Petru Dumitriu: Casanova oder der Zufällige: *Giacomo Casanova, Geschichte meines Lebens.* Hrsg. v. Erich Loos. Bd. IX, Berlin 1966; Alberto Moravia, Interview aus: Liliana Betti-Gianfranco Angelucci, *Casanova – rendez-vous con Federico Fellini,* Milano 1975, deutsch von Dieter Schwarz; Hermann Hesse, Gedanken über Casanova: *H. H., Gesammelte Werke*, Bd. 12, Frankfurt a.M. 1970; Friedrich Georg Jünger, Spiel und Spieler: *Giacomo Casanova. Geschichte meines Lebens.* Hrsg. v. Erich Loos. Bd. VII, Berlin 1966; Manès Sperber, Die Liebe und Casanova: *Giacomo Casanova, Geschichte meines Lebens.* Hrsg. v. Erich Loos. Bd. XI. Berlin 1967.

Moderne Casanovas plaudern aus der Schule und *Casanova heute.* Sämtliche Interviews und Interview-Auszüge stammen aus: Liliana Betti – Gianfranco Angelucci, *Casanova rendez-vous con Federico Fellini*, Milano: Bompiani 1975. Alle deutsch von Dieter Schwarz. Copyright © 1977 by Diogenes Verlag Zürich.

Weitere Literaturhinweise in: J. Rives Childs, *Giacomo Casanova de Seingalt in Selbstzeugnissen und Bilddokumenten.* Reinbek bei Hamburg 1960 (Rowohlts Monographien 48).